HENR...
de l'Aca...

Henri Troyat naquit à Moscou, le 1er novembre 1911.

Au moment de la révolution, son père, qui occupait une situation en vue, fut obligé de s'enfuir, et toute la famille entreprit un long exode à travers la Russie déchirée de luttes intestines. Henri Troyat a gardé le souvenir de cette randonnée tragique, qui le mena, tout enfant, de Moscou au Caucase (où ses parents possédaient une vaste propriété), du Caucase en Crimée, puis à Constantinople, à Venise et enfin à Paris, où il arriva en 1920.

Élevé par une gouvernante suisse, Henri Troyat, dès son plus jeune âge, parlait indifféremment le français ou le russe. Il fit toutes ses études en France, au lycée Pasteur, à Neuilly.

Malgré l'attirance de plus en plus grande que le métier d'écrivain exerçait sur lui, il poursuivit ses études, passa sa licence en droit, puis un concours de rédacteur à la préfecture de la Seine.

Entre-temps, ayant été naturalisé français, il partit pour accomplir son service militaire à Metz. Il se trouvait encore sous l'uniforme, quand fut publié son premier roman, *Faux Jour*. Ce livre obtint, en 1935, le Prix du roman populiste.

Rendu à la vie civile, il entra à la préfecture de la Seine, au service des budgets. Le temps que lui laissaient ses occupations administratives, il le consacrait passionnément à la littérature. Coup sur coup, parurent en librairie : *Le Vivier, Grandeur nature, La Clef de voûte*. En 1938, son nouveau roman, *l'Araigne*, reçut le Prix Goncourt.

Mais déjà, Henri Troyat songeait à une œuvre

plus importante. A peine démobilisé, après la guerre, en 1940, il se mit à écrire une vaste épopée, inspirée par les souvenirs de ses parents et de ses proches, sur la Russie : *Tant que la Terre durera* (3 volumes). A cette suite romanesque russe fera écho une suite romanesque française : *Les Semailles et les Moissons* (5 volumes).

Autres fresques « russes » : *La Lumière des Justes* (5 volumes), *Les Héritiers de l'avenir* (3 volumes), *Lé Moscovite* (3 volumes). Autre fresque « française » : *Les Eygletière* (3 volumes).

Henri Troyat est également l'auteur de nombreux romans indépendants : *La Neige en deuil, Une extrême amitié, Anne Prédaille, La Pierre, la Feuille et les Ciseaux, Grimbosq,* etc.; de biographies qui font autorité comme celles de *Pouchkine*, de *Lermontov*, de *Dostoïevski*, de *Tolstoï*, de *Gogol;* de contes, de souvenirs, de récits de voyage.

Henri Troyat a été élu à l'Académie française en 1959.

GRANDEUR
NATURE

DU MÊME AUTEUR

dans la même collection

HENRI TROYAT

de l'Académie française

GRANDEUR NATURE

PLON

© 1936, Librairie Plon.

ISBN 2-266-02750-6

PREMIÈRE PARTIE

Baden-Powell

* you can take away signs of age
when you have make-up

1

taking make up off

ANTOINE VAUTIER porta ses deux mains aux tempes et, d'une lente pression, fit basculer le crâne de carton peint qui lui coiffait la tête. Une chevelure d'un roux huileux de limace apparut aux lumières, jurant avec la barbiche grise et le crayonnage serré des rides sur la peau. Aussitôt, il arracha l'impériale à crins secs dont le vernis lui brûlait le menton et tordit son nez à pleins doigts, jusqu'à lui ravir l'appendice de mastic rose qui le prolongeait. Puis, il se frotta le visage avec un linge enduit de vaseline et ce fut un délayage bistre de pattes d'oie, de poches sous les yeux, de plis sur le front, une déroute facile de tous les signes convenus de la vieillesse, un rajeunissement crasseux et graisseux.

Dans la glace, cloutée de chiures de mouches et pommelée d'empreintes de blanc gras, la véritable figure de Vautier surgit enfin, avec ses joues de pâtisserie retombée, ses fortes narines aux pores distendus par le fard et ses petits yeux rougeâtres de lapin. Il se contempla gravement, tournant la tête à droite, à gauche, soupesant du poignet la courbe relâchée du cou, avançant la mâchoire, qui se détacha de la face comme un tiroir qu'on ouvre, ramassant les sourcils au-dessus d'un regard de feu. Il s'enorgueillissait d'un masque aux muscles parfaitement entraînés et dociles. Son père, un mime de talent certain mais de renommée nulle, l'avait soumis dès son jeune âge à cette gymnastique faciale. Il se souvenait de ce vieillard gris et vif, penché sur son épaule, devant un petit miroir à bascule encadré de bambou, et criant, d'une voix pointue d'oiseau migrateur :

« Tu ne partiras pas tant que tu ne sauras pas relever ton sourcil gauche sans remuer le droit! Regarde comme je fais : tic... tac... L'étonnement amusé? L'observation espiègle? L'invite galante?... tic... tac... »

Le sourcil gauche se décollait de l'arcade sourcilière pour se hisser jusqu'à mi-front et retombait mollement à sa position primitive.

« A toi! »

L'enfant grimaçait, reniflait ses larmes à gros bouillons, suppliant qu'il interrompît l'exercice. Mais l'autre secouait sa dure petite tête crayeuse :

« Veux-tu, oui ou non, devenir acteur?
— Oui, bafouillait le gamin.
— Alors, il faut travailler ferme. Car il n'y a pas de succès sans travail, comme il n'y a pas de travail sans succès! »

Antoine Vautier avait travaillé ferme, mais il attendait encore le succès. Un accessit au Conservatoire, trois années d'Odéon, un chapelet de rôles secondaires dans des théâtres de quartier, des tournées hâtives, des silhouettes mal payées au cinéma, des saynètes à la radio... Au cours d'un bénéfice en banlieue, il avait rencontré une jeune fille dont l'admiration plus que la beauté l'avait séduit. Il l'épousa, se fixa à Paris, eut un enfant l'année même de son mariage, vécut quelques mois sur la maigre dot de sa femme et reprit son métier, mais en évitant de quitter la capitale. De nouveau, il battit les agences, remplaça des camarades à Bois-Colombes, à Belleville, figura au Châtelet, décrocha une doublure importante aux Variétés, chanta des opérettes, se fourvoya dans des music-halls, tourna des films publicitaires de court métrage pour vanter l'excellence de la levure « Zita » ou des fourneaux à gaz « Vulcano »...

A quarante ans, il s'étonnait encore qu'on lui réservât des rôles comiques, bien que sa voix, ses gestes, son physique, son tempérament le prédestinassent à la tragédie. Cet aveuglement des directeurs et des impresarios retardait seul, pensait-il, une consécration imminente; et sa misère seule le détournait de refuser des emplois qu'il jugeait indignes de lui. Mais il ne désespérait pas d'obtenir un jour l'interprétation rêvée qui le classerait enfin parmi les plus grands. Cette idée excusait les courses abruties à l'engagement, les attentes déçues, les pauvres besognes acceptées.

« Des hors-d'œuvre tout ça! des hors-d'œuvre! » disait-il.

C'était un hors-d'œuvre encore que ce personnage de larbin qu'il jouait dans *Pitchounette et son Pompier* à l'Éden-Palace. Un rôle de tout repos : il n'arrivait qu'à dix heures et finissait une demi-heure avant les autres...

Un sonore éboulement de vaisselle coupa ses

réflexions. A travers les cloisons minces des loges et des couloirs, parvenaient les rires, les applaudissements mesurés de la salle. Au second éboulement de vaisselle, il serait onze heures quarante. Puis, la fanfare des pompiers clôturerait le vaudeville. Une chance qu'on ne le forçât pas à remonter saluer avec les autres!

Il dégrafa le col de sa chemise empesée et marquée de maquillage, déboutonna son gilet rayé d'orange et de brun, glissa une main dans la ceinture de son pantalon trop étroit pour le décoller de son ventre. Il faisait chaud dans cette turne sans fenêtre, aux murs de plâtre gris, où de vieilles affiches étaient placardées. La lampe, fichée au-dessus du miroir, versait une lumière livide sur la tablette encombrée de linges souillés, de boîtes à poudre éventrées et farineuses, de bâtons de fard rognés, de pots de vaseline tournée au jaune verdâtre de pétrole. Une odeur d'eau savonneuse, de brillantine sucrée, de crème moisie, de poussière, de pouacre, prenait la gorge comme une fumée.

Il s'approcha du tabouret de paille qui supportait une cuvette et un broc, se mouilla la face, la nuque, les cheveux. Puis, il sortit une bouteille thermos et se versa dans le gobelet-couvercle trois doigts de lait chaud coupé d'eau de Vichy. Il but ce liquide à rares lampées, le menton haut, les paupières closes, avec l'expression pénétrée d'un communiant.

« Un, deux, trois, quatre », comptait-il entre chaque rasade.

Et il suivait en esprit la descente attiédie du breuvage dans son gosier. Il s'inquiétait d'une inflammation possible du larynx, d'une irritation pressentie de la glotte, d'un commencement d'embarras nasal. Car, à l'opposé de son père, il accordait à sa voix autant de soins qu'à son visage. Il appréciait toutes les ressources de son organe et connaissait mille moyens d'en combattre les défaillances. Ses poches étaient toujours garnies de bonbons au plantain ou à la réglisse; il recommandait à sa femme de lui préparer pour son retour des tisanes et des inhalations à l'eucalyptus; et même, il savait certaine façon de respirer et de prononcer des voyelles qui soulageait une gorge grippée :

« E... é... « ma mèreu Jezabel »! « ma mèreu Jezabel! »... »

Le second éboulement de vaisselle fit tressaillir le plafond, et une musique de trompettes et de tambours couvrit la rumeur marine de la foule.

« Un rappel... deux rappels, compta Vautier, c'est maigre... »

Déjà, une cavalcade pesante ébranlait l'escalier de fer, derrière la paroi. La porte s'ouvrit à la volée et Guéretain parut sur le seuil. Il était vêtu d'une redingote verdâtre, coiffé d'un melon cabossé qui lui cornait les oreilles, et il portait sur l'épaule un sac de marchand d'habits.

Il s'assit devant une table disposée à l'autre bout de la loge, près d'une penderie drapée de vieilles couvertures de cheval. Le souffle court, les yeux flambés de fièvre, il se reluquait dans la glace et se curait le nez sauvagement. Il grogna :

« Kelber vient de me foutre une amende parce que je m'étais démaquillé avant le cinq! Demain, je me crépis la gueule au blanc gras et je me colle des cils de femme-panthère! Tu te rends compte : pour trois répliques qu'on m'a laissées, il voudrait que je me fasse une bouille à la Chaliapine! Il travaille de la boîte à cornes, le frère! »

Il essuya son doigt contre le barreau de la chaise et fourragea dans sa poche :

« Tiens, voilà ce qu'il m'a donné pour me consoler! »

Il jeta sur la table une liasse de billets de faveur. Vautier en prit un, le parcourut, le roula en boule. Guéretain ricanait en se déshabillant :

« Les premiers billets de faveur! Ils annoncent le four aussi certainement que l'hirondelle annonce le printemps! Dans six jours au plus *Pitchounette* quittera l'affiche! D'ici là, gare aux amendes! Ça réduit les frais et ça fait sérieux!

— Je ne suis pas aussi pessimiste que toi, dit Vautier. On a vu des pièces se relever après une distribution de faveurs et même de taxes...

— S'il n'y avait que les faveurs ou les taxes!... Mais il y a mille autres signes à l'avenant, mon petit vieux! Le directeur est introuvable... le public joue aux quatre coins dans la salle... Kelber se plaint de son foie et prend des airs d'agonisant inspiré et paternel... traduction : il n'y a plus un rond dans la tirelire! Mais ça ne se passera pas comme ça!... »

Il se tenait au centre de la pièce, petit, maigre, le torse nu, les jambes enfournées dans un caleçon long à rayures, et vociférait, en frappant du poing sa creuse poitrine étoilée d'un friselis de poils blonds :

« Ça ne se passera pas comme ça! S'ils ne me paient pas... s'ils ne nous paient pas... le prud'homme!... l'huissier!... la correctionnelle!... et hardi donc!... »

Il s'interrompit pour enfiler sa chemise dans une gesticulation de sémaphore en folie. Mais, lorsque sa tête surgit hors de l'encolure et ses mains hors des manches, il reprit d'une voix sifflante :

« J'oubliais le plus drôle! Figure-toi qu'en me remettant les faveurs, cette vieille ganache a voulu me rassurer, m'expliquer : « Les quittances de loyer... les quittances de loyer... les gens se restreignent... » A l'entendre, pendant les six dernières semaines d'un trimestre les gens ne viennent pas au théâtre parce qu'ils ramassent de l'argent pour payer leur terme, et pendant les six premières semaines du trimestre suivant ils ne viennent pas au théâtre parce qu'ils n'ont plus d'argent après l'avoir payé! C'est à se taper le derrière par terre jusqu'à la syncope! »

Et, de fait, il se laissa tomber de tout son poids sur un petit siège à ras du sol et rama des doigts sous la table à la recherche de ses chaussures égarées.

Vautier avait troqué sa livrée de larbin contre un costume de ville, sombre, à cravate de lacet noir, à col bas et lâche. (Rien n'est mauvais comme de comprimer son cou après un effort vocal!) Haut de taille, gras d'épaules et de hanches, la face lourde et rose de fard mal essuyé, il se tenait debout contre le mur et méditait tragiquement, un pied posé sur le croisillon de la chaise comme sur un crâne.

« Que comptes-tu faire? dit-il enfin.

— Moi! s'exclama Guéretain. Demain, ouverture de la chasse! Je me remets à écumer les agences, à la cueillette d'une figuration, d'une tournée... S'il fallait attendre d'être balayé pour chercher un nouveau travail, on mangerait pendant deux semaines par mois et pendant les deux autres semaines on sucerait ses dents! et hardi donc!

— C'est un grand malheur, dit Vautier. Certes, je ne tenais pas à ce rôle de pitre, mais cet emploi me donnait une certaine tranquillité matérielle, un certain repos moral que j'appréciais malgré moi, tu me comprends? »

Tout en parlant avec une lenteur calculée, il se lorgnait du coin de l'œil dans la glace.

« Tu me comprends? »

Il jouait de sa voix avec la virtuosité abusive d'un tzigane jouant du violon. Il enveloppait ses phrases d'une musique souterraine ou légère, passait d'un registre à l'autre, variait les intonations, désarticulait certains mots en syllabes, en notes, qu'il laissait tomber comme des cailloux dans l'eau, faisait du charme.

Cependant, insensible à ces modulations savantes, Guéretain s'habillait, se chaussait, se coiffait, en fredonnant un vague air de danse du scalp. Enfin, il interrompit Vautier, sans ménagement pour son bel élan oratoire :

« Viens, sortons! »

Vautier l'arrêta par le bras :

« Tu n'y penses pas! Si nous sortons tout de suite, nous tomberons sur la petite Roy qui me guette derrière la porte de sa loge. Elle est collante comme toutes les seccotines, cette fille-là! Elle devrait comprendre...

— C'est toi qui devrais comprendre! T'en as déjà vu des comme ça, des qui ont tout ce qu'il faut et rien de ce qu'il ne faut pas? Non, il faut dire la vérité : tu n'aimes pas taquiner la fesse... Tu es

sérieux... C'est très bien... Mais c'est dommage...
Moi, cette poupée-là, à ta place, je lui ferais une
petite farce, histoire de passer le temps! Et hardi
donc! »

Et il cligna de l'œil avec une grimace paillarde qui
lui plissait la face comme un fruit sec. Vautier éclata
d'un long rire triste et séduisant :

« Pourquoi n'essaierais-tu pas?

— Parce que je sens que ça t'embêterait!

— Ça me rendrait service, veux-tu dire!

— ... et puis... je vais t'expliquer... j'ai déjà essayé
et ça n'a pas donné...

— Raison de plus pour recommencer! »

Guéretain, perplexe, se grattait la nuque à pleins
ongles :

« Tu crois?

— J'en suis sûr!

— Dans ce cas... »

Il s'approcha de la glace, lissa de la main ses
cheveux rares, d'un blond verdâtre de fiente séchée,
plaqua trois coups de houppette sur son nez, sur ses
joues et modela le nœud de sa cravate. Puis, il se
redressa :

« Maintenant, je suis paré, dit-il. Allons voir la
tigresse... »

Ils suivirent un couloir étroit, bardé de tuyaux de
chauffage. Les loges des artistes ouvraient sur le
boyau, où le voisinage des latrines maintenait une
atroce odeur de chou. Comme ils arrivaient devant la
porte de Reine Roy, le battant vola contre le mur et
une petite bonne femme parut sur le seuil, chapeau-
tée, pomponnée, un minuscule sac étincelant de cuir
neuf et de nickel serré à deux pattes contre son ventre

comme un perchoir. Elle s'exclama trop vite et trop
fort :

« Chouette! Vous sortez aussi? »

Elle avait un visage très fardé au nez en trompette,
au menton fauché, à la lèvre supérieure avancée
comme une lèvre de nourrisson, et de beaux yeux
brouillés de noir et d'orange.

Elle s'empara du bras de Vautier et le coinça
d'autorité sous son aisselle. Mais Guéretain la saisit
par le coude resté libre, et elle pouffa d'un rire
aigrelet, les épaules frétillantes, la bouche grande
ouverte, soufflant aux deux faces tournées vers elle
une fraîche haleine de bonbon à la menthe :

« Comment que vous voulez marcher de front
dans un couloir étroit comme un ascenseur?...

— Pourquoi pas? En se serrant... en se serrant un
peu », chuchotait Guéretain d'une voix étranglée.

Elle eut un cri vigoureux de jeune canard :

« Il m'écrase! »
et s'esclaffa de nouveau, la tête ballottée d'une épaule
à l'autre :

« On peut dire que c'est le jour! Il y a Kelber qu'a
déjà essayé de me peloter dans ma loge! Comment
que je te l'ai remis à sa place, ce vieux macaque, avec
ses jambes en parenthèses et son ventre de Biben-
dum! « Pour qui me prenez-vous! Chasse gardée! Y
a donc pas de glace chez vous! » Tout le rouleau
quoi! Il était tellement soufflé qu'il m'a donné des
billets de faveur pour s'excuser!...

— Il nous en a donné aussi, dit Guéretain, et
pourtant il n'avait pas à s'excuser de nous avoir
pelotés! Ah! si je ne me retenais pas!... »

Et, pour se retenir, il s'accola furieusement à la

hanche de la petite et renifla la maigre fourrure jaune jetée sur ses épaules.

Comme ils gagnaient la rue, la jeune femme dressa le visage vers Vautier.

« Qu'est-ce que tu penses de ma nouvelle couleur de cheveux ? » dit-elle.

Et elle tira une mèche carotte hors de son chapeau.

« C'est Malou qui m'a conseillé de me teindre en roux. Elle dit qu'une peau fine et blanche comme la mienne ça appelle le roux ; et puis que je sens comme les rousses quand j'ai chaud ! Où a-t-elle été chercher ça ! Tu trouves, toi, que je sens comme les rousses quand j'ai chaud ? Il paraît que c'est excitant !... J'ai demandé un roux dans le genre du tien, mais ils n'ont pas su le faire. Ç'aurait été gentil pourtant, dis, qu'on soit tous les deux de la même couleur ! D'ailleurs, tu sais, c'est un simple rinçage au « Luminex », c'est pas une décoloration : alors, le jour où on en a assez, une, deux, et hop ! je redeviens brune ! Je te plais en rousse ? »

Elle le regardait, le nez froncé, le regard coulé de biais entre les paupières clignées.

« Non.

— Tu m'aimais mieux brune ?

— Non.

— Bref, tu t'en fous ? T'as tort... »

Il eut l'imprudence de dire :

« Pourquoi ? »

Elle émit un petit rire de gorge, roucoulé, soyeux, et, se dégageant de l'emprise de Guéretain, capta la main d'Antoine entre ses deux paumes :

« Pour rien... pour rien... Mais t'es bête, mon grand chou... »

Guéretain marchait sombrement, les poings enfouis dans les poches, le regard fatal.

« Tu devrais m'accompagner jusqu'à la maison, pépiait-elle. Hier soir, deux types m'ont accostée...

— Te donne pas la peine, gronda Guéretain. Si t'as envie de te mélanger avec lui t'as qu'à le dire tout cru! Et hardi donc! »

Et il cracha par terre avec un détachement seigneurial.

Antoine interrompit leur dispute de sa grave voix d'orgues :

« Impossible de te ramener aujourd'hui, mon petit... Je rentre à pied : je dois passer dans un bistrot pour... pour régler mes dettes... Mais Guéretain... »

Elle eut une moue boudeuse, les lèvres tendues comme pour un suçon, les sourcils en virgule :

« Méchant!

— Lui? s'écria Guéretain, soudain rendu à l'espoir. Allons donc! Il ne ferait pas de mal à un train de marchandises! »

Arrivés devant la bouche du métro, ils se séparèrent. Reine Roy et Guéretain pénétrèrent dans la station et Vautier fit mine de s'éloigner. Mais, au bout de dix minutes, estimant qu'une rame avait emporté le couple, il revint sur ses pas et descendit à son tour le raide escalier de pierre.

2

IL y avait une masse échevelée de tabac sur la table. Elle en cueillait une pincée, la secouait pour en détacher les brindilles folles et la couchait sur le carré de papier fin qu'elle tenait incurvé en gouttière entre deux doigts de sa main gauche. Puis, elle tassait de l'ongle la mousse blonde à odeur d'épices et de foin séché, touchait d'un pinceau trempé d'eau les bords libres de la feuille, les raccordait l'un à l'autre et coupait aux ciseaux les filaments qui pendaient par les extrémités. Enfin, elle posait la cigarette achevée dans un étui à savon désaffecté où Vautier rangeait sa réserve. Car, bien qu'il s'imposât des privations sévères pour protéger le timbre de sa voix, il n'avait jamais pu renoncer à fumer, ni même diminuer sa dose quotidienne; simplement, il affirmait avoir découvert un mélange dénicotinisé qui rendait illusoires les risques de tabagie.

Chaque soir, elle travaillait ainsi, en attendant que son mari revînt du théâtre. La lampe, juponnée de journaux roussis et pendue au bout d'un long fil à contrepoids de porcelaine, éclairait mal la chambre autour d'elle. Une chambre basse de plafond, aux

POVERTY = P

parois tendues d'un papier jaune, assez semblable au papier d'emballage ou de boucherie, et pauvrement meublée. Un sommier court sur pattes, dont la couverture rejetée en biais dévoilait les draps raccommodés et grisâtres, trois chaises à siège de bois perforé, la table encombrée de tabac, de paperasses dactylographiées, de livres, et, de part et d'autre d'une fenêtre privée de rideaux, mais surmontée d'une tringle monumentale en cuivre fileté, deux étagères aux rayons nus. Par terre, s'alignaient des piles de journaux ceinturées de ficelles, des monceaux de vieux programmes effeuillés, des caisses de biscuits pleines de tubes déchiquetés, de petites bouteilles de blanc liquide débouchées, de raclures de bâton Leichner. Et des moutons de poussière bordaient ces épaves héroïques. Quelques photos de Vautier dans ses derniers rôles étaient fixées aux murs par des épingles à tête de sabot de Noël ou de minuscule cocarde : masques raturés de rides, barbus, moustachus, imberbes, crânes lunaires, ou chevelures de tempête, regards fauves ou éblouis de mélancolie... Mais, au port du cou, à la masse du visage, on le reconnaissait. Il y avait encore des photos et des dessins glissés dans la rainure du miroir qui dominait la cheminée. Et, dans l'âtre découvert, trônait un inhalateur en forme de porte-voix renversé.

Cependant, de ce désordre il ne faudrait pas conclure que Jeanne Vautier fût une ménagère négligente. Bien au contraire, elle apportait aux soins de la maison une frénésie louable. Dès le saut du lit, elle balayait, lavait, essuyait, essorait avec une joie saine de laboureur retournant ses terres. La chambre

du petit, la cuisine, la salle de bains, les cabinets,
formaient le théâtre de ses exploits domestiques.
Mais son mari s'opposait à ce qu'elle nettoyât sa
chambre plus d'une fois par semaine, et encore
fallait-il qu'elle le fît en sa présence. Et elle admettait
cette exception avec un amusement admiratif et
scandalisé. Cette pièce était pour elle le laboratoire
mystérieux où s'étudiaient les textes, où se compo-
saient les interprétations futures, où marinaient les
vastes idées d'un esprit supérieur, l'asile du penseur,
le fief du génie, un lieu sacré. Qu'y avait-il d'étonnant à ce qu'elle échappât aux règles communes
d'ordre et de propreté? D'ailleurs, elle aimait cet îlot
poudreux qui la narguait au centre d'un appartement
soumis à sa domination hygiénique. Elle éprouvait
un plaisir certain à s'asseoir sous la lampe, face aux
montagnes de journaux, aux photographies, aux
cendriers débordant de cendres, comme si de s'enfermer quotidiennement entre ces quatre murs l'eût
rapprochée d'Antoine.

Elle roula une dernière cigarette et la jeta dans
l'étui à savon. Le couvert d'Antoine était mis au
bord de la table, parmi les paperasses repoussées.
Elle rectifia l'emplacement du verre, du couteau,
souffla sur l'assiette pour chasser quelques brindilles
de tabac, sortit du tiroir de la table une boîte de
cachets, un minuscule flacon de gouttes calmantes et
le dernier numéro de *Comœdia*. Puis, elle se leva pour
regarder l'heure au réveille-matin de la cheminée :
onze heures et demie. Antoine n'allait pas tarder à
venir. A moins que Guéretain ne l'entraînât dans un
café, ou qu'il n'accompagnât cette Reine Roy dont il
lui parlait souvent pour la taquiner.

Elle vit dans le miroir un visage aux lourdes joues blanches, aux bandeaux châtains, tirés et luisants comme des pièces de soie, aux yeux gris d'ardoise, mais les sourcils étaient joints et les lèvres ramassées en ligne mince. Elle rit doucement à cette face inquiète qu'elle ne reconnaissait pas. Ensuite, à pas de loup, elle s'approcha de la porte, poussa le battant qui s'ouvrit dans un bâillement aigu.

Au fond de la pièce obscure, seuls vivaient les chiffres phosphorescents d'une montre, piqués en cercle dans la nuit. Un battement métallique, pur et surveillé, doublait le jeu d'une respiration dormeuse. Elle discerna bientôt le reflet salin de la glace, la bouée pâle du linge amarrée au dossier de la chaise, l'étoilement des boules de cuivre qui dominaient le lit.

Comme elle avançait toujours, ses genoux heurtèrent le bord de la couche. Elle se pencha et reçut au visage une haleine courte et chaude de jeune animal. Mais elle se retint de baiser cette peau cachée dont elle éprouvait le rayonnement. Elle se redressa, détourna la tête. Déjà elle s'éloignait, lorsqu'une voix demanda dans l'ombre :

« Papa est rentré?

— Il ne va pas tarder, mon petit. Lève-toi, si tu veux le voir. »

Elle était revenue sur ses pas et caressait de la paume les cheveux glissants, le cou tiède autour des oreilles et brûlant dans l'échancrure large du pyjama. Elle dit :

« Tu dois étouffer sous toutes ces couvertures, Christian. »

Il grogna :

« Non, parce qu'elles sont mal bordées... »

Et il ajouta :

« D'ailleurs je ne me sens pas bien... »

Elle réprima un cri :

« Qu'as-tu ? »

Vite, sa main tâtonna le marbre froid d'une table de nuit, heurta un verre, atteignit le commutateur de la lampe. Une lumière citron tomba sur le visage couché de profil et dont les paupières clignaient. L'oreiller se creusait à peine sous le poids de cette tête légère aux cheveux blonds dressés comme de la plume. Elle répéta :

« Qu'as-tu ? »

Il dut s'effrayer de cette voix rauque, de ce regard inquiet, car il marmonna précipitamment :

« Rien... enfin... je suis fatigué... la grippe peut-être... il vaudrait mieux que je n'aille pas au lycée, demain... »

Rassurée, elle prit sur les draps les mains sèches, tachées d'encre, aux ongles rongés, et les tint unies entre ses mains.

« Tu as une composition ? dit-elle simplement.

— Oui... mais c'est pas pour ça... »

Elle serrait les mâchoires pour s'empêcher de sourire.

« C'est pas pour ça, je t'assure... Si tu crois que ça me fait quelque chose d'avoir une mauvaise place en math...

— ... Parce que tu prévois déjà que tu auras une mauvaise place ?... »

La petite figure triangulaire, aux yeux noirs d'olive, roulait d'une joue de l'oreiller à l'autre.

« Ils donnent toujours des sujets idiots... »

Elle bouffonna :

« Ainsi, tu voudrais que je mente pour t'excuser? Mais j'en serais honteuse devant ton père, devant le proviseur, devant toi, devant tout le monde!...

— Tu ne serais pas plus honteuse si j'y allais et que j'étais classé dernier?

— Certainement pas!

— Alors, tu te moques des notes que je te rapporte?...

— Eh! tu m'embêtes!... »

Elle voulut s'écarter, mais une main vive la saisit au poignet. Il geignait, la mine pleurarde :

« Reste, maman : j'ai des choses très, très importantes à te dire... »

Et, plus bas :

« Réponds-moi : tu veux bien que je tombe malade pour demain... rien que pour demain... »

Elle céda un peu trop facilement à la prière de ce visage clair et de cette voix détimbrée :

« J'en parlerai à ton père.

— Chic! »

Déjà, il couvrait ses doigts de baisers, de mordillements :

« Merci! merci!... »

Puis, il terra sa tête au creux de l'épaule maternelle et, le menton renversé, les paupières basses, il psalmodia :

« Tu en as, de jolis yeux, maman, comme du verre, et de jolis sourcils, comme du chocolat... »

Elle aimait ces conciliabules absurdes et tendres de chaque soir. Il fallait une ombre dense au fond de la chambre, une crique de lumière au bord du lit, le silence, l'approche du sommeil, pour que ce sauvage gamin de douze ans, criard et gambilleur, se révélât soudain prodigue en compliments et friand de câlineries.

« ... et de jolis cheveux comme du bois ciré... »

Elle riait :

« Tu es complètement idiot, mon petit! »

Mais il l'interrompit d'une basse râpeuse :

« — Ma chère, ne riez pas... Tout ce que j'ai... tout ce que je suis... les médailles, la croix, l'Institut... je les donnerais ·pour ces cheveux-là et ce teint de soleil!... »

C'était l'intonation précise qu'adoptait son père pour lancer la réplique de Cadoual au deuxième acte de *Sapho*. Et, si comique était cette voix mince qui se forçait aux notes graves et cette jeune figure où tremblait une moue sénile, qu'elle s'esclaffa de nouveau :

« Quel singe! »

Encouragé par le succès, il s'arracha de ses bras, bondit hors des couvertures et se campa devant elle, le buste haut, les mains pendantes, les pieds enfoncés jusqu'aux chevilles dans l'oreiller. Le pyjama trop grand flottait sur ce corps sec à muscles de grenouille et les manches lui descendaient jusqu'à mi-pouce. Il fit un œil rond et se toucha du doigt la poitrine :

« — Médaillé en 1850! Cinquante-cinq ans dans trois mois! Qu'est-ce que cela prouve?... Tant que le cœur reste jeune, sacrebleu! il chauffe et remonte toute la carcasse! »

Et, de la paume, il se claqua la cuisse gaillardement.

Jeanne riait toujours, par quintes, par hoquets, et s'essuyait les yeux à deux poings :

« Vas-tu finir, Christian ? »

D'un saut il fut en bas du lit et s'écria, pointant sa mère de l'index :

« Finir ? Jamais ! « Aimez si le cœur vous en dit... au risque de souffrir... au risque de pleurer... comme moi tout à l'heure... aimez, il n'y a que ça de bon dans la vie !... Le reste... »

Il ébaucha de la main un geste en vrille et se tut, pétrifié dans l'attente de la réplique. Mais, comme sa mère ne semblait pas comprendre ce qu'il voulait d'elle, il souffla bientôt :

« Dis la réplique, maman.

— Quelle réplique, mon chéri ?

— La réplique d'Alice : « Que c'est gentil ! Qu'ils disent de belles choses ! »

— Je suis pressée, Christian. Viens m'aider à préparer le souper, plutôt.

— Dis d'abord : « Que c'est gentil... »

— Mais je ne saurai pas le dire !

— Tu as bien vu comment faisait Claudia dans le rôle d'Alice ? »

Il cambra les reins, dans l'espoir fallacieux de donner quelque importance à son derrière, défripa d'un doigt les plis d'une robe imaginaire, inclina la joue sur son épaule, arrondit ses lèvres en cul de poule et prononça d'une voix flûtée, étirant, nivelant, engluant les mots dans une sorte de miaulement affecté :

« — Que c'est genti-il ! Qu'ils disent de be-belles choses ! Je n'ai jamais entendu parler de l'am-mour comme ça !... »

Elle essaya d'imiter la grimace, l'intonation vaniteuse, proféra :

« — Que c'est gentil... »
mais pouffa de rire au milieu de la phrase :

« Je ne pourrai jamais! Si cette pauvre Claudia nous entendait!... D'ailleurs, tu me fais perdre mon temps! Ton père va venir d'un moment à l'autre et rien n'est encore prêt. »

Comme elle se penchait sur la casserole, où l'eau sautait à grosses bulles autour de quelques patates craquelées et grises, une clef fouilla la serrure et la porte d'entrée s'ouvrit et se referma dans un ébranlement sonore.

Antoine parut sur le seuil de la cuisine. Un feutre ailé ombrageait sa figure mal démaquillée et un épais foulard de laine bleue coulait entre les revers dressés de son imperméable. Il jeta son chapeau, son manteau, son cache-nez sur une chaise et déclara selon son habitude :

« Il ne fallait pas m'attendre... »

Puis, il tourna le robinet de l'évier que terminait la trompe rouge d'un brise-jet, se lava les mains, s'essuya au linge accroché sous le grêle tuyau, contre le mur. Et elle guettait ses moindres gestes avec une attention sérieuse et ravie :

« Tout est prêt. Tu peux passer à table, mon chéri. »

Sans mot dire, il gagna la pièce voisine où le couvert était mis. Mais, avant de s'asseoir, il enfila un veston d'intérieur taillé dans un vieux peignoir de sa femme, et chaussa des pantoufles feutrées.

Jeanne le suivait, portant une assiette garnie de tranches de bœuf bouilli et un saladier comblé de pommes de terre fumantes. Du coude, elle écarta

quelques paperasses et posa les plats devant lui. Puis,
elle s'installa à son côté, sur une chaise, et Christian,
derrière elle, s'affala de tout son long en travers du
sommier.

Au mutisme de son mari, elle devinait qu'il
ramenait de mauvaises nouvelles. Mais elle n'osait
pas l'interroger. Elle le regardait découper sa viande
effilochée et bordée de graisse jaune, engouffrer les
morceaux dans sa bouche et mâcher avec une lenteur
préoccupée. Et, pendant qu'il découpait, engouffrait,
mâchait, ses prunelles demeuraient fixes et deux
grandes rides verticales jouaient sur son front. Elle
dit enfin :

« Tu n'as pas pris tes cachets, Antoine. »

Il posa sur elle un œil étonné et s'exclama
mollement :

« Tu as raison. Verse-moi un verre d'eau, veux-tu?
Toutes ces histoires me font perdre la tête! »

Le joint était trouvé :

« Quelles histoires? »

Il happa un cachet, but une gorgée d'eau dans un
vigoureux sursaut de pomme d'Adam, et se tam-
ponna les lèvres avec le coin de la serviette :

« Guéretain prétend qu'on ne tiendra pas longtemps... les faveurs... la salle vide... le directeur
introuvable... il ne faudrait pas, à l'entendre, compter
sur plus de cinq ou six soirées...

— Guéretain, c'est le gros rase-motte qui m'a
donné du jujube le soir de la Générale? demanda
Christian.

— Laisse parler ton père », dit Jeanne.

Et elle répéta :

« Cinq ou six soirées? »

Il acquiesça du menton.

« C'est sûr ?

— Presque... »

Un silence de mastication et de rêverie s'établit entre eux. Elle étudiait la situation, cherchait en esprit les vieux arguments, les échappatoires éprouvées, les consolations familières. Puis, elle parla. Elle s'étonnait qu'il se désolât pour si peu. Combien de fois n'avait-il pas vu ses prévisions déjouées ? En tournée, certes, un pareil échec pouvait être grave, à cause du rapatriement dont l'« Union » refusait parfois d'assumer les frais. Mais, à Paris ! Elle avait mis quelque argent de côté. Le percepteur attendrait, le « gaz » aussi. Quant à l'appartement, ils n'étaient en retard que d'un terme et Antoine paraissait au mieux avec le gérant qu'il arrosait régulièrement de billets de faveur. D'ailleurs, il trouverait rapidement du travail : radio, figuration, synchronisation, ou peut-être même un second rôle dans une pièce... Boivin n'avait-il pas promis de le recommander au directeur de la « Jeune Comédie » ?

« Oh ! les recommandations, les promesses de Boivin ! dit-il.

— C'est Boivin qui joue le pompier dans *Pitchou-nette* et qui dit : « Boum ! voilà ! » à la fin de chaque réplique ? interrogea le gamin qui jugeait que la conversation manquait d'intérêt.

— Christian, va voir si l'eau bout », dit Jeanne.

Antoine repoussa le couvert, alluma une cigarette, aspira une longue bouffée, les joues creuses, les yeux clos de plaisir. Puis, il souffla la fumée par les narines et releva les paupières sur un regard dolent.

« A chaque tuile qui me tombe, je me demande

plus anxieusement s'il m'arrivera de percer un jour,
dit-il. (Il parlait d'une voix chuchotante de conspira-
teur pour ne pas fatiguer sa gorge.) Peut-être, après
tout, ne suis-je pas fait pour percer?... Peut-être ne
mérité-je pas de percer?...

— Antoine! »

Elle était devenue très rouge, ses yeux brillaient,
gris et vifs, et elle respirait rapidement.

« L'eau a bouilli, dit Christian, en s'affalant de
nouveau sur le sommier.

— Écoute, Antoine... je n'aime pas ce découragement que tu affiches à tout propos. Tu n'as pas le
droit! Tu as tous les atouts en main! La voix, le
physique, l'expérience!... Ça me gêne beaucoup de te
parler de ça, mais je voudrais te guérir de cette
modestie absurde!... »

Il avait un tel besoin d'admiration qu'il se plaisait
à la provoquer parfois par des propos défaitistes.
Mais, ce soir, il était vraiment malheureux, et la
sincérité qu'il apportait à se plaindre décuplait le
plaisir qu'il éprouvait à être consolé. Elle disait
pourtant des paroles très simples, les mêmes qu'elle
lui avait adressées la veille, les mêmes, sans doute,
qu'elle lui adresserait demain. Mais ce pauvre lan-
gage la révélait si convaincue, si aimante, si fière,
qu'il ne désirait pas, certes, qu'elle en changeât.
Même, il attisait, distraitement, cette éloquence :

« Tu exagères... Tu ne peux pas te rendre compte...
Le public... »

Elle l'interrompit avec véhémence :

« Mais je ne suis pas la seule de cet avis, Antoine!
Exemple : j'ai rencontré Mme Bousquet, du troisième,
à qui j'avais donné des billets pour *Pitchounette* : elle

est littéralement emballée! Elle n'a que ton nom à la bouche. M. Vautier par-ci, M. Vautier par-là!... Elle m'a dit qu'elle t'avait trouvé tordant lorsque tu revenais sur scène au trois, en tenant sous le bras le casque de Boivin, et que ses amies aussi t'avaient trouvé tordant, et que, derrière elle, des gens se demandaient pourquoi on t'avait confié un si petit rôle, alors que tu avais plus de talent que tous les autres réunis!... Moi, je buvais du petit lait, tu penses!... Je me disais : si seulement Antoine pouvait l'entendre!... »

Elle était admirable dans cette fonction de génie femelle préoccupé de rondes consolations, d'indignations déférentes! A mesure qu'elle parlait, il sentait fondre en lui quelque chose d'hostile, de révolté, de lâche qui l'étouffait. Enveloppé de propos rassurants, de regards élogieux, il reprenait confiance. Comme un plongeur jailli à la surface de l'eau et qui retrouve le souffle, il se grisait de cette atmosphère intime d'apothéose. Douceur de vivre entre ces quatre murs où toute chose était prévue pour lui complaire, gravité de jouer le premier rôle sur cette scène de choix, orgueil de dominer certainement son public. Il regarda cette femme accoudée devant lui, dont les yeux ne quittaient pas ses yeux, et cet enfant couché sur le sommier dans une attitude écartelée de sauteur à la perche. Ils n'avaient que lui. Ils ne vivaient que par lui. De lui seul dépendait leur bien-être. En vérité, d'avoir à protéger quelqu'un lui donnait l'impression soudaine d'être fort :

« Pourquoi n'est-elle pas venue me parler dans ma loge?

— Elle n'osait pas... elle est bête... »

Il y eut un silence. Elle lui versait une tasse de thé.

« Je n'ai plus de menthe, dit-elle. Tu m'excuseras.

— Ça ne fait rien. Ma gorge va mieux, ce soir. C'est Boivin qui a complètement perdu la voix. Il murmure. Et, comme de plus il ne sait pas un mot de son texte, le public avale, une de ces bouillabaisses clapotantes!... Ça ne l'empêche pas d'ailleurs de poser à la vedette! Tu sais, son grand machin du deux, il le dit de plus en plus en monologue, tourné vers la salle, collé à la rampe et sans un geste! Je trouve ça idiot! D'abord ce n'est pas chic pour les camarades que ça relègue tout de suite au second plan! Et puis ça manque de nerfs, ça manque d'allure! Non? »

Elle s'empressa d'approuver :

« Bien sûr... »

Elle le regardait avec joie reprendre de l'assurance. Il critiquait, il blaguait. Il avait cette voix modulée et cet œil joueur des soirs de grande suffisance. Pour que demeurât sur ses traits cette expression triomphale, elle eût donné, lui semblait-il, mille choses inestimables sans les regretter.

« Tiens, au trois ils ont applaudi ma sortie aujourd'hui!

— Tu vois bien! »

Ces ragots de coulisses la récompensaient d'une journée épuisante et solitaire. Elle avait la sensation de participer soudain au vertige d'une vie active, traversée d'intrigues louches, d'allégresses fulgurantes, de désespoirs sans lendemain. Elle se passionnait pour ces histoires de loges mal situées, d'ampoules dérobées, d'effets sabotés, pour les critiques injustifiées des envieux, pour les promesses raisonnables des gens de bien, pour les potins, les coups de tête, les coups d'épingle, les coups de gueule, pour toute cette agitation, pour tout ce bruit des existences de grande misère et de petite gloire.

Vautier s'était levé et s'étirait à bâillements sonores devant la glace. Il dit :

« La petite Roy m'a encore fait des propositions, ce soir... »

Elle tressaillit à cette vieille plaisanterie venimeuse. Allons! il était guéri puisqu'il essayait de la blesser déjà. Elle s'imposa de lui procurer une dernière satisfaction d'amour-propre :

« Je n'aime pas cette fille, dit-elle. Est-elle seulement jolie?... »

Il fit entendre un sifflement cascadé sur trois notes :

« Mieux que ça, ma chère. Elle est belle! Mais d'une beauté canaille, je te l'accorde! Une de ces gosses qu'on a envie de fouetter jusqu'au sang, d'embrasser jusqu'à perdre le souffle et de récompenser d'une tartine ou d'un sucre d'orge!... Je sais bien qu'un autre que moi...

— Antoine, le petit...

— Quoi? je ne dis rien de mal!... »

Il tournait vers elle son gros visage rose, aux yeux plissés en fente de tirelire, à la bouche hilare. Il jubilait. Elle dit :

« Tu ferais mieux de te coucher tout de suite, si tu veux te lever tôt demain pour passer dans les agences.

— Et mon inhalation?

— Christian va s'en occuper. »

Christian se dressa, somnolent et soumis, plaça

l'appareil sur la table, emplit d'eau bouillante la
petite casserole émaillée de bleu et de blanc, et versa
dans l'eau quelques gouttes d'eucalyptus dont le
parfum têtu emplit aussitôt la chambre. Vautier,
redevenu sérieux, s'assit devant l'inhalateur, plongea
son nez, ses lèvres dans l'embouchoir, et on l'entendit
qui respirait à grand bruit pendant que la sueur
perlait à son front et que des larmes noyaient ses
yeux pommés par l'effort.

Puis il releva la tête, essuya du revers de la main
ses narines huileuses, prononça quelques « mèreu
Jezabel » retentissants, et se déclara satisfait. Déjà, sa
femme apportait le pyjama qu'elle avait mis chauffer
sur le radiateur, et disposait sur la table de nuit un
verre d'eau où trempait un morceau de sucre et le
serre-tête dont il se coiffait pour dormir.

Ces rites immuables annonçaient la fin de la
journée. Christian geignit un « 'soir », collectif, et
sortit en traînant les pantoufles et en reniflant
vigoureusement.

« Qu'as-tu à renifler ? » dit Jeanne.

Il lui jeta un regard de furieux reproche :

« Ma grippe...

— Ah ! oui... »

Et, comme il la devinait prête à pouffer de rire et
que lui-même se retenait à grand-peine, il franchit le
seuil et referma sur lui la porte de la chambre.

3

LE lendemain, devançant toute prévision, la direction de l'Eden-Palace retirait *Pitchounette et son Pompier* de l'affiche. Bien qu'il s'attendît à l'événement, Vautier fut atterré à la vue des panneaux plantés devant la porte et traversés d'une bande bleue à lettres blanches : « Relâche ».

Le directeur recevait les artistes à tour de rôle. Et, pour chacun, il lésinait sur le prix des répétitions, rappelait d'innombrables amendes, s'étonnait des protestations, faisait du sentiment. (On devait le comprendre; cette affaire l'avait ruiné; il ne s'en relèverait pas; ceux-là étaient toujours punis qui demeuraient trop attachés à l'art!) Les menaces le trouvaient dangereusement lyrique :

« Vous, Vautier! Vous, en qui j'avais cru deviner un ami! Vous dont je me promettais de suivre et de soutenir la carrière! Vous, que j'avais déjà recommandé auprès de mes confrères! C'est vous qui venez me demander le cachet de trente représentations alors que *Pitchounette* n'a pas tenu quinze jours? Comment?... Mais je le sais, que le contrat vous engageait pour un mois! Seulement, il faut interpréter les termes avec souplesse... Il y a la lettre, et il y a l'esprit... D'ailleurs, à quoi bon prolonger ce débat qui nous est aussi pénible à l'un qu'à l'autre... Si vous voulez me citer devant l'« Union », si vous voulez me poursuivre en justice, faites-le, vous êtes libre! Mais vous ne toucherez pas un sou de plus, parce que je n'ai plus un sou!... »

Et, d'un geste solennel, il ouvrait un tiroir tapissé de papier-journal, où seules gisaient deux pièces de cinquante centimes oubliées.

Sur le seuil de la porte, il serrait une main qui se dérobait, tapotait une épaule basse. Il chuchotait :

« Je peux bien vous le dire en ami : je garde encore un brin d'espoir pour l'avenir... Peut-être aurai-je quelque chose pour vous bientôt... oui... oui... »

Mais celui qu'il congédiait savait déjà qu'on montait un écran sur la scène.

Ils se retrouvèrent tous dans le bistrot du théâtre pour flétrir le patron et supputer les difficultés imminentes. Un groupe pitoyable d'hommes et de femmes attablés devant des cafés-crème et détaillant leurs soucis dans une rage de surenchère. Le terme, l'électricité, le gaz, les traites, les échéances du Crédit Municipal... Que faire? Boivin posait à la vedette au grand cœur. Sombre et concentré, il renseignait une petite poule chlorotique aux yeux gonflés de larmes et aux narines irritées :

« Tu pourrais voir aux Variétés : ils cherchent de la figuration... Ou encore au Châtelet, mais ça ne paie guère... »

Le jeune premier, grassouillet, coiffé plat et au blond visage poudré comme un rahat-locoum, s'acharnait à fixer les responsabilités :

« Avec une autre salle... avec d'autres décors...
avec une autre mise en scène... »

Guéretain l'interrompit, les deux bras lancés au-
dessus des verres, les prunelles en bille :

« Et le texte! Et le texte qu'est-ce que t'en fais?
glapissait-il. Dès la première lecture du *Pitchounette,*
j'avais prédit qu'on ne tiendrait pas deux semaines
avec ce texte-là! Dès la première lecture! vous
m'entendez? La petite Roy est là pour l'attester!... »

La petite Roy bâillait, tirant une langue rose et la
branlant un instant à l'air comme pour lécher une
friandise.

« Ça change quoi, que tu l'aies prédit? »

Guéretain se rebiffait, répondait à côté :

« Bien sûr, tu t'en fous, toi! Ton chef de rayon
t'entretient! Mais les autres... »

Elle eut ce rire perlé « à vous retourner les orteils
dans les chaussures », comme disait Guéretain :

« Te plains pas! ça nous a toujours fait un
spectateur le soir où il y en avait vingt dans la
salle! »

Vautier essaya d'élever le débat. D'une voix
augurale, il proféra sur l'art quelques jugements
amers et brefs :

« Il n'y a plus que le public pour croire à la vertu
de l'art... Le grand art n'est pas de bien interpréter
un rôle, mais de découvrir chaque jour, à l'heure fixe,
de quoi se mettre sous la dent... »

Le tenancier du bistrot fut invité à donner son
avis. Il se trouva qu'il était d'accord avec eux sur
tous les points. On lui en fit un succès. Il dut payer
une tournée. Boivin en paya une autre. Les figures
s'échauffaient, les voix étaient hautes. Comme

l'heure avançait, on décréta que la distribution de
Pitchounette s'était révélée remarquablement homo-
gène. On décida qu'il était dommage qu'une pareille
troupe en fût réduite à se disperser sans avoir pu
donner sa mesure. On jura de ne pas se perdre de
vue. On inscrivit des adresses sur des carnets. Puis,
on se sépara, avec le pressentiment intime qu'on ne
chercherait pas à se revoir.

Le jour même, Vautier entreprit la battue métho-
dique des agences. Dans les salles d'attente, pavoisées
d'affiches criardes, des dactylos platinées, pomma-
dées, et aux pattes infernales, malmenaient leur
clavier dans une rumeur de mitraille. L'une d'elles
demandait, sans interrompre la danse de ses doigts
sur les touches :

« Vous désirez ?

— M. Galusson.

— M. Galusson est absent de Paris pour quelques
jours...

— Allons donc ! Je lui ai téléphoné ce matin...
Rappelez-lui : Vautier... Antoine Vautier... »

Sans marquer la moindre surprise, elle se levait,
disparaissait derrière une porte et revenait aussitôt :

« M. Galusson vous fait dire qu'il n'y a rien pour
le moment. Si vous voulez me donner votre adresse ?

— Non... je reviendrai... je préfère... Et dans
combien de jours pensez-vous ?... »

Elle haussait les épaules :

« Nous ne pouvons pas savoir, monsieur... »

Il s'éloignait. D'autres entraient, balbutiaient des
recommandations confuses, présentaient des photographies, des cartes de visite, insistaient comme lui,

comme lui prenaient congé sans avoir obtenu la moindre assurance.

De nouveau, les agences. Des agences de tournées, des agences cinématographiques... Partout, le refus poli, la promesse incertaine, les fiches remplies pour la dixième fois. (« Quels sont les sports que vous pratiquez? De quelle garde-robe disposez-vous? Quelle langue parlez-vous? Dans quels films avez-vous tourné? ») Les virées matinales dans les studios de Joinville, d'Épinay où il connaissait un maquilleur, un concierge, un aide-opérateur quelconque.

« C'est complet, mon vieux. On te fera signe... »

Et, le soir, les palabres dans les cafés d'artistes du boulevard de Strasbourg.

Toutes les tables sont prises. Les glaces des murs multiplient l'image de cette humanité lamentable, affalée sur les banquettes de molesquine rouge, devant des guéridons trop petits pour le bataillon de verres, de soucoupes, de tasses qu'ils supportent. Une fumée bleue coule en mousseline autour des lampes. Une rumeur de voix, de rires, de vaisselle heurtée.

« Tiens, Vautier! Ça va? »

Il regarde ces gueules avides. Il dit :

« Ça se précise... Je ne peux rien dire encore... mais ça se précise... »

Contre la vitre, la pluie tape dur et on voit les gouttes lumineuses qui ruissellent sur le fond noir.

Cependant, les journées filaient sans apporter le moindre engagement. Jeanne avait simplifié le menu : bouillon « kub », frites, salade... On refusait de payer le terme sous prétexte que les robinets fuyaient. Antoine écrivait au propriétaire des lettres d'une dignité embarrassée : « C'est par principe que je ne

veux pas régler le montant de votre quittance tant
que vous n'aurez pas procédé à la réfection de la
tuyauterie... » Pour le gaz, pour l'électricité, la
phrase consacrée accueillait les garçons de recettes :

« Laissez une fiche... on passera demain... »

Et, soudain, la sommation avec frais des impôts.
Trouver de l'argent, vite, une petite somme, cinquante francs, trente francs, pour prouver sa
« bonne volonté ». Le smoking au clou? Mais il
faudrait renoncer à la figuration habillée, et c'était la
seule qu'on payât bien! Bah! on se débrouillerait!...
Après une longue discussion sur la générosité compa-
rée des divers bureaux de Crédit municipal, on se
décida pour l'établissement central de la rue des
Francs-Bourgeois, dont l'installation spacieuse et le
nombreux personnel commandaient la confiance. Le
montant du prêt fut versé le jour même entre les
mains du percepteur. Mais, le lendemain, Vautier
recevait une convocation pour tourner en tenue de
soirée. Il fallut emprunter le smoking de Guérétain,
olivâtre, piqué de mites, et qui, trop grand pour son
propriétaire, moulait à craquer les formes épaisses
d'Antoine. Le cachet qu'il rapporta servit à dégager
son propre smoking dans l'espoir d'une nouvelle
figuration. Et, de fait, il fut appelé bientôt, mais pour
tourner une silhouette de batelier de la Volga. Il
revint harassé, hargneux, parce qu'on l'avait
déchaussé, revêtu de guenilles, éclaboussé de boue et
qu'il avait tiré toute la journée sur une corde en
gueulant des chansons barbares. Il refusait de soigner
sa gorge et de se laver. Il parlait de tout plaquer. Il
enviait ceux qui n'ont ni femme ni enfant pour les
retenir de se jeter par la fenêtre. Jeanne redoutait ces

grands éclats de voix qu'accompagnaient des coups de poing sur la table et des regards fulgurants. Elle rôdait autour de lui, prévenante, éperdue. Elle répétait :

« C'est un mauvais moment à passer...

— C'est une mauvaise vie à vivre, veux-tu dire », prononçait-il d'une voix de basse-taille.

Un soir, cependant, il rentra un peu plus tard que de coutume et, à la manière amortie dont il referma la porte et au son posé de sa voix, elle reconnut qu'il était de meilleure humeur.

« Vous avez dîné sans moi, j'espère?

— Oui, dit-elle, et j'ai envoyé Christian au lit parce qu'il m'a paru un peu fatigué. Tu as mangé? »

Il frottait ses grandes mains molles l'une contre l'autre :

« Non. »

Elle s'affaira :

« Je vais réchauffer ta part. »

Il la suivit dans la cuisine. Les manches du peignoir roulées jusqu'au coude, elle mitraillait les rondelles du fourneau avec un allume-gaz à ressort. Bientôt, les casseroles mijotèrent à petit fredon sur leur couronne de flammes bleues. Alors, elle s'arma d'une cuiller et tourna le bouillon, dont la pellicule de graisse blanche se cassait et fondait lentement. Comme il la regardait sans mot dire, elle demanda :

« Tu as vu le régisseur de Despagnat?

— Oui.

— Eh bien?

— Il est exact qu'il se prépare à tourner *Jack,* mais il est encore trop tôt pour s'inscrire... Despa-

gnat retarde de semaine en semaine la date de
réalisation parce qu'il ne parvient pas à découvrir le
gosse du rôle...

— Je croyais qu'il avait choisi Claude Golet...

— On l'a dit, mais rien n'est plus faux. Despagnat
ne veut pas de Claude Golet, non plus que d'aucun
gosse qu'un film précédent aurait mis en vedette. Il
cherche du nouveau. Il multiplie les convocations, les
bouts d'essai... Il fouine. Et tout le monde attend son
bon plaisir ! »

Il s'était adossé au chambranle de la porte, le buste
tassé, les mains dans les poches, et son pied
tourmentait, roulait, un bouchon sur le carrelage.
Elle crut deviner l'approche d'une crise de désespoir
majuscule. Elle dit vivement :

« Tu ne vas pas te laisser abattre par cette
affaire?... »

Il secoua la tête :

« Je ne songe pas à me laisser abattre. Bien au
contraire... »

Un silence. Il souriait drôlement. Elle interrogea
encore :

« Tu espères obtenir quelque chose ?

Il ne s'agit pas de moi.

Et de qui ?

Christian... »

Elle releva le front avec une expression peureuse,
fâchée :

« Tu n'y penses pas, Antoine !

Pourquoi n'y penserais-je pas ? »

Il se rapprocha d'elle, se pencha sur elle :

« Si Despagnat consent à prendre Christian pour
le rôle, s'il marche à fond sur le petit... »

Elle lui saisit la main au vol et le fixa d'un regard suppliant :

« Il a ses études, Antoine! Il faut qu'il travaille! Il éprouve du mal à se maintenir au niveau de sa classe... »

Il s'exclamait :

« Ses études! Sa classe! Est-ce que ça compte auprès d'une carrière? Songe à son avenir! Des gosses qui ont leur certificat, leur bachot, il y en a des milliers, des milliers! Des gosses lancés par Despagnat il y en aurait un!... »

Il piqua vers le plafond un doigt prophétique :

« Un seul : le tien! »

Et, de tout près :

« Crois-tu qu'il sera plus heureux, qu'il gagnera davantage à gratter dans une administration de quinzième zone qu'à tourner sous la direction des plus grands metteurs en scène?

— Non, bien sûr...

— Imagine un peu le tableau : ton fils devenu un second Claude Golet! Des engagements à la pelle! Des photos, des interviews dans tous les journaux! Et je pourrais le conseiller! Il ne serait pas livré à lui-même comme je l'ai été!... »

Il accélérait le débit, haussait le ton, pressentant la victoire. Mais elle dit :

« Je n'aimerais pas qu'il devînt acteur...

— Mais pourquoi? Pourquoi, mon Dieu?

— Je ne peux pas t'expliquer... C'est sans doute absurde... mais je rêve de quelque chose d'autre pour lui... Un docteur... Un avocat... je ne sais pas, moi...

— Un docteur? Un avocat? »

Il la cingla d'un éclat de rire torrentiel :

« Mais ça n'existe pas, mon petit! Sais-tu ce que ça gagne un docteur, un avocat, hein? Je n'ai pas de chiffres en tête, mais c'est dérisoire! Tandis que Claude Golet!... Je n'ai pas non plus de chiffres en tête, mais je te prie de croire que c'est tout de même autre chose! »

Elle soupirait. Il demanda :

« Alors?

— On ne pourrait pas attendre une semaine ou deux, que je me fasse à cette idée? Ça me paraît tellement drôle! Mon Christian qui était un petit garçon comme les autres, et puis, tout à coup, on va le prendre, l'habiller, le maquiller... Attendons un peu...

— Voyons, Jeanne, c'est de l'enfantillage! Chaque jour perdu diminue nos chances de réussir! Enfin, tu admets bien que je joue, moi?

— Ce n'est pas la même chose.

— Aurais-tu préféré un mari docteur, avocat?

— Certainement pas!

— Alors, je ne saisis plus! Explique-toi! »

Elle se passa la main sur le visage, comme pour se garer d'une lumière trop vive :

« Je ne peux pas t'expliquer. J'aime que tu joues, j'en suis heureuse, j'en suis fière... Mais, le petit...

— Le petit!... Le petit!... Veux-tu que je te dise? Tu as peur de cet avenir parce que je ne t'y ai pas préparée, parce que je t'ai annoncé brusquement mes intentions, parce que je t'ai mise en face du fait accompli!... »

Elle poussa un faible cri happé, interrogea d'une voix passée :

« Du fait accompli? »

Il dit à contrecœur :

« Oui, j'ai parlé de Christian au régisseur... J'ai une convocation en poche pour lui... pour dans trois jours... Un bout d'essai au studio de la Corona-Film à Épinay... Allons, ne fais pas cette tête-là, Jeanne, je t'en prie!... »

Et, soudain, il abattit son poing sur la table où sursauta en cliquetant une cuiller à café oubliée, et gronda :

« C'est tout de même insensé! Nous bouffons à peine à notre faim! Nous avons plus de dettes que je n'en pourrais couvrir avec cinq mois de tournée! Et, lorsque je viens te proposer cette planche de salut, tu fais la difficile, tu hésites, tu discutes! Préfères-tu que je continue à courir les agences, à m'humilier, à gâcher mes chances de succès futur, préfères-tu que je me coule, préfères-tu que je me crève, mais que Christian reste au lycée, mais que Christian se garde d'embrasser le honteux métier de son père?... »

Il marchait d'un mur à l'autre, à grands pas sonores et en respirant fortement. Et, chaque fois qu'il passait sous la lampe bas descendue, il était obligé d'incliner la tête pour l'éviter.

« Te rends-tu compte de l'absurdité, de la monstruosité de ton attitude? »

Tout à coup, il s'arrêta devant l'évier, se versa un verre d'eau, l'avala d'un trait. Elle levait sur lui ses yeux pâles baignés d'un éclat tremblant, ouvrait ses lèvres sur un misérable sourire. Il la regarda. Il balbutia :

« Mais qu'as-tu? Tu pleures, ma parole?...

— Non... Tu as raison... Je suis stupide... Il faut profiter de cette occasion... Sinon... si après il ne trouvait pas de place, ou s'il ne trouvait qu'une mauvaise place, il m'en voudrait, et tu m'en voudrais de l'avoir empêché de tenter sa chance... Et ça, je ne veux pas, tu comprends?... »

Elle se tut. Il appuya sa bouche sur la joue molle, parfumée de poudre de riz, sur les cheveux frais lavés qui sentaient un peu le vinaigre, et, de sa plus grave voix de cinquième acte, laissa tomber un à un les mots qui récompensent :

« C'est très beau ce que tu viens de dire là, Jeanne... »

Dans la vitre au tain de nuit, il voyait sa haute et lourde carrure reflétée et son visage tailladé de lumière et d'ombre qui se penchait sur le visage de sa femme. Il garda la pose un long moment. Elle poursuivait :

« Oui, décidément cela sera mieux ainsi... Et puis, on pourra faire venir un professeur à domicile... Ou même, il pourra continuer d'aller au lycée, après le film... »

Il approuvait :

« Sans doute... sans doute... »

Elle détourna la tête :

« D'ailleurs, peut-être ne leur plaira-t-il pas? » dit-elle.

VAUTIER poussa la porte surmontée d'un
énorme piston qui referma le battant derrière eux
dans un soupir. Ils se trouvaient dans une chambre
aux murs passés à la peinture bise, au plafond de
verre armé. Quatre gosses, flanqués de leur mère,
occupaient les banquettes fixées à la cloison. Toutes
les têtes se tournèrent vers Antoine et vers Christian,
tous les yeux s'unirent sur eux, les regardèrent
s'avancer, chercher une place, s'asseoir.

Vautier avait revêtu un complet sombre aux plis
luisants et chaussé des souliers vernis. Christian
portait ce costume gris qu'il exécrait parce qu'il le
serrait aux entournures et aux fesses.

« Bigre! il y a du monde », souffla Antoine.

Et il balaya d'un coup d'œil circulaire les faces
rangées contre la paroi. L'un des gosses était joufflu,
le front bas casé dans une épaisse chevelure châtain,
bouclée au fer. Un autre, maigre, brun, au teint de
nougat, aux yeux énormes, lunettés d'un cerne bistre.
Le troisième au visage léger, blafard, et sa mère
l'avait poudré de blanc cru, lui avait touché de bleu
pâle le bord des paupières, de noir les sourcils, de

4

rose tendre les pommettes, le menton et la bouche.
Le quatrième était un blond mélancolique, fade et
soigné qui mâchait du chewing-gum avec un bruit de
bébé qui tète. Ils attendaient depuis longtemps sans
doute, car ils paraissaient fatigués, ennuyés, absents,
et se taisaient.

Les mères, par contre, ne semblaient éprouver
aucune lassitude. Bien mieux, cette pose interminable
leur donnait un regain d'énergie : elles s'agitaient sur
leur séant, creusaient les reins, tournaient la tête à
droite, à gauche, arrêtaient un œil impérial sur tel
concurrent de leur fils, le dévisageaient, le jugeaient,
le détestaient en silence, puis ramenaient leurs
regards noyés d'affection rassurée sur la progéniture
glorieuse collée à leur flanc et qui, les jambes
ballantes, le dos rond, les bras lâchés le long des
cuisses, bâillait à pleines mâchoires. Alors, elles se
penchaient sur l'enfant, le rappelaient à l'ordre d'un
sec tiraillement du poignet, corrigeaient d'une piche-
nette le nœud de cravate coincé entre les pointes
amidonnées du faux col, rétablissaient d'une caresse
l'ondulation étudiée d'une mèche, grattaient de
l'ongle une tache invisible sur le revers du veston,
demandaient au gamin, dans un chuchotement
rapide, s'il se sentait toujours bien, s'il n'avait pas
envie de sortir, et, satisfaites enfin de la réponse,
redressaient le buste et retrouvaient pour quelques
instants une immobilité béate et respectable.

Antoine poussa Christian du coude, cligna de
l'œil :

« Tordant », dit-il.

Mais Christian n'avait pas envie de rire. Depuis le
soir où son père l'avait réveillé, s'était assis à son

chevet, lui avait dit d'une voix sourde ses projets, son
espoir, il lui semblait avoir bifurqué dans un autre
monde. Il n'était plus retourné au lycée, mais on
l'avait conduit chez le coiffeur, chez le photographe,
on lui avait acheté une cravate à pois, une pochette,
une chemise à col glacé. Pendant deux jours, Vautier
avait travaillé avec lui devant la glace de sa chambre :

« Je connais le canevas du bout d'essai qu'on te
fera tourner. Lorsque Despagnat te dira d'être triste,
tu regarderas bien fixement les projecteurs et les
larmes te monteront aux yeux. Alors, cligne vivement
des paupières, plisse le front, laisse tomber les coins
des lèvres, et respire par saccades. »

Il lui avait appris aussi à parler d'une voix enrouée
que les sanglots menacent, à détourner la tête avec
une noble lenteur, à marcher, à s'asseoir, à croiser les
jambes :

« La pointe du pied tendue vers le sol, les épaules
effacées, et cache-moi tes mains, pour l'amour du
ciel ! »

Ces conseils, ces grimaces avaient d'abord amusé
le gamin. Un jeu. Et ses parents encourageaient ce
jeu, prenaient part à ce jeu, en parlaient entre eux
comme d'une véritable affaire. Il était fier de
l'importance qu'on lui accordait enfin et ne doutait
pas qu'elle fût méritée.

Mais, à présent, une gêne croissante se mêlait à sa
joie. Ce voyage interminable, ces grandes cours
traversées, cette salle où des matrones méprisantes le
reluquaient, où son père même parlait à voix basse :
l'aventure devenait solennelle ! Il ne pouvait plus
suivre. Il était dépassé par l'événement.

Soudain, une grosse dame se moucha. Et toutes les dames, saisies par une contagion nerveuse, sortirent leur mouchoir, une à une, et se bouchonnèrent le nez. Il faisait chaud. On entendait des coups de marteau, mais très loin, et, par moments, la claque d'une planche jetée sur une autre planche.

Pourquoi ces femmes ne parlaient-elles pas? Pourquoi n'y avait-il pas de table au milieu de la pièce, avec une pile d'illustrés dessus, comme chez le dentiste? Christian essaya de s'imaginer qu'il était chez le dentiste, qu'il attendait son tour chez le dentiste. Il voulut dire à son père ce qu'il avait imaginé, mais, à cet instant, une porte à glissière s'ouvrit dans le mur et un petit bonhomme noiraud pénétra dans la salle où tout le monde se leva.

« Vous avez vos convocations? » dit-il.

Il y eut des déclics de fermoir, des froissements de paperasses, et cinq feuillets se tendirent aussitôt vers lui. Il les ramassa l'un après l'autre, vérifia les noms, les dates. Puis, il prononça :

« Daniel Mogue. Si vous voulez me suivre... »

L'une des dames devint très rouge, bredouilla :

« Mais oui... »

Et déjà elle débarrassait l'enfant de son manteau — il était vêtu d'un costume de marin bleu pâle avec un col rose où des ancres étaient brodées —, le recoiffait avec un peigne de poche, lui lissait les sourcils, le poussait devant elle. La porte à glissière se referma sur eux.

Lorsqu'elle s'ouvrit de nouveau, un choc intérieur secoua Christian et c'est dans un sentiment d'euphorie stupide qu'il entendit prononcer son nom :

« Vautier. »

Ils se levèrent, à leur tour, suivirent un long couloir qui s'arrêtait sur une porte de bois plein. A droite de la porte, une plaque en verre dépoli portait ces mots inscrits en lettres rouges : « Silence. » Et, derrière cette porte, il y avait une autre porte matelassée et percée d'un minuscule judas vitré.

Le seuil franchi, le studio apparaissait, obscur, vaste, haut, encombré de grands pans de décors posés contre le mur, de projecteurs difformes à gueules de bombardes, de lampes à arc aux lourdes têtes globuleuses, hissées au sommet de frêles pieds de fer, de « gouttières » meublées d'ampoules enflées, aqueuses, telles de grosses ventouses. Sur le sol, traînaient des câbles électriques souples, enroulés et luisants comme des corps de reptile. Mais cette batterie imposante était au repos, rangée, éteinte. Seul, au fond de la salle, un projecteur de puissance moyenne crachait son faisceau obtus de poudroyante lumière blanche. Il éclairait une table carrelée de paperasses, une caméra montée sur rails, la potence gracile du microphone. Un homme était assis à la table. Sous un crâne nu, glacé de reflets roses, il avait une figure coupée en triangle, au nez vif et aux gros yeux bombés, roux, huileux, qu'il leva sur les visiteurs.

Un machiniste désigna deux chaises.

« Asseyez-vous », dit l'homme au crâne nu.

Les deux mains aux tempes, les sourcils noués, il dévisageait commodément le gamin. Et, sous le regard chirurgical qui le clouait, Christian se sentait tremblant, suant, et vaguement indigné. Mais bientôt, Despagnat baissa les paupières et parla d'une voix brumeuse qui prenait le cœur :

« Écoute-moi bien, mon petit : tout à l'heure, je vais te faire tourner un bout d'essai. Seulement, je te demanderai d'être très naturel, d'oublier que tu te trouves dans un studio et que tu joues un rôle, de redevenir vraiment le petit garçon que tu es à la maison, dans la rue... Je ne me crois pas bien méchant, ton père est là : nous sommes entre amis... »

Il toussa dans son poing, ajouta :

« Voici le canevas que je propose : tu es en train de lire dans ta chambre; tu entends du bruit dans la pièce voisine et, tout à coup, la porte d'entrée s'ouvre et se referme en claquant; tu te précipites à la fenêtre; tu vois ta maman qui s'éloigne au bras de quelqu'un; tu retournes à ta lecture, mais ton visage exprime la tristesse de passer seul une soirée que tu espérais passer avec elle... Ce n'est pas grand-chose, comme tu vois Il t'est déjà arrivé d'éprouver une déception analogue. Tu as déjà attendu un ami qui n'est pas venu, désiré un cadeau qu'on ne t'a pas donné... Tâche de te rappeler ces légers ennuis, tâche de les revivre devant moi, c'est tout ce que je te demande... »

Il se leva :

« Vous êtes prêt, Collet? »

L'opérateur, juché sur le siège de la caméra, l'œil au viseur, la longue poignée de l'appareil accolée à l'épaule, braquait doucement la masse noire surmontée de deux disques jumeaux.

« Lumière! » cria Despagnat.

Des projecteurs, une étonnante clarté jaillit, souleva l'ombre en brume bleue jusqu'au plafond, révéla un châssis de fenêtre, un fauteuil, un guéridon aux pattes rachitiques. Christian reçut cette lumière comme un coup sur les yeux. D'instinct, il agrippa la main de son père. Il ne saurait jamais, songeait-il, s'avancer à l'appel de son nom, s'asseoir dans ce fauteuil, jouer une scène selon les ordres de cet étranger. Il se prenait à souhaiter qu'on l'engageât sur sa seule mine, ou que son père changeât d'avis et le ramenât chez eux. Mais Antoine lui retirait déjà son béret des mains et lui chuchotait à l'oreille :

« Souviens-toi de mes recommandations : regarder le projecteur, cligner des paupières, plisser le front, crisper la bouche, haleter un peu comme après une course... avec ça, tu es sûr de ton affaire!...

— Va te placer dans le champ », dit Despagnat.

Christian fit quelques pas. Un sourd bruit d'eau montante envahissait, lui semblait-il, le silence. Il se sentait frappé d'un abrutissement total, les membres faibles, le cœur décroché, le cerveau vide et irresponsable, détaché, porté vers il ne savait quoi.

« Assieds-toi », commanda la voix lointaine.

Il se laissa descendre sur le siège et, selon les conseils d'Antoine, croisa les jambes, tendit la pointe du pied vers le sol, effaça les épaules, cacha ses mains.

« Non, mon petit... Ce n'est pas ça... On te sent surveillé, raidi... Il ne faut pas... Ramène ton talon sous ton derrière, tasse-toi en boule contre le dossier, ouvre le livre... Là... c'est déjà mieux... »

La page du livre était sous ses yeux d'une blancheur éblouie de zinc. Il la tourna et s'effraya soudain de l'empreinte moite que ses doigts avaient laissée sur le papier.

« Tu es dans ta chambre, poursuivait la voix cotonneuse, bien seul, bien tranquille... »

Et, tout à coup, c'était vrai qu'il était dans sa chambre, bien seul, bien tranquille. Dans un dernier sursaut, il se rappela les recommandations de son père : il y avait sans doute une expression attentive à prendre, une certaine façon de respirer... Mais cette lumière, cette chaleur le soûlaient, l'isolaient de la terre, de son père, de lui-même. Et la voix, caressante comme du gros velours, le guidait seule à présent :

« Tu lis... Ton livre est amusant... Ne fais pas semblant de lire, lis... »

Il lut une phrase du regard. Il n'avait plus peur. Il avait une perception dédoublée des gestes qu'il accomplissait. Et cela était drôle, comme lorsqu'on rêve avec la conscience déliée de rêver.

« Tout à coup, tu entends marcher dans la pièce voisine... Fais bien attention : lorsque je claquerai des mains, cela signifiera que la porte d'entrée vient de se refermer. Aussitôt, tu te précipiteras vers la fenêtre. Mais, pour l'instant, tu écoutes ce bruit de pas. Lève la tête... lentement... plus lentement... »

Il obéit. Mais ses yeux ne voyaient pas, aux confins du carré de clarté vive, les machinistes rangés en bataille et son père qui le dévisageaient. Il suivait, derrière des murs invisibles, une imperceptible rumeur de pas. Il était suspendu dans l'attente terrible du battement de mains. Lorsque Despagnat frappa ses paumes l'une contre l'autre, il se rua vers la fenêtre, comme propulsé par un ressort, il s'inclina sur la barre d'appui au risque de basculer. On ne voyait plus que son dos étroit, ses bras coudés en pattes de grenouille et ses jambes haut culottées et gainées de chaussettes grises.

« Retourne-toi », dit Despagnat.

Penché en avant, comme prêt à bondir ou à crier, Antoine dévorait des yeux la nuque frêle du gamin.

« Une belle grimace tragique », suppliait-il d'une voix basse, comme ces joueurs qui encouragent au passage le cheval sur lequel ils ont porté leur mise.

Tranquillement, le buste vira sur les hanches, la tache ovale du visage apparut, frappée de blanc. Mais les yeux étaient secs, bien ouverts, la face impassible.

« Il est fou, gémit Vautier.

— Reviens au fauteuil, dit Despagnat, repousse le livre d'un revers de main. Collet, le « travelling »...

A présent, cinq mètres à peine séparaient Christian de son père. Vautier tâchait d'attirer l'attention de son fils en remuant de la monnaie dans sa poche. Puis, il tendait le cou, imposait à sa figure une expression de douleur convulsive, de désespoir exemplaire, et de nouveau secouait la sonnaille des gros sous.

« Il ne fait rien... rien... »

Parvenue à quelques pas de l'enfant, la caméra s'arrêta, poussive, terrible, avec ses allures carrées de machine infernale, prête à mitrailler le sol, à péter en éclats ou à couler un rayon mortel.

« Ne regarde pas l'objectif, dit Despagnat. Continue... »

Il continua. Mais aucune moue amère ne dérangeait le féminin dessin de la bouche, aucune larme ne glissait sur les joues lisses, à peine plombées d'ombre sous les fortes pommettes. Seul, un léger tremble-

ment de la lèvre inférieure, seule une humide lueur
dans la pureté minérale des yeux, seule, peut-être,
une certaine façon d'incliner la tête sur l'épaule,
annonçaient une tristesse ennuyée. Et soudain, d'un
vif geste de singe, il leva la main, mordit son poignet,
se détourna, et on l'entendit qui pleurait vraiment.

« Halte! dit Despagnat. Coupez les lumières. »

Dans la nuit soudain retombée, Christian se
dressa. Ses jambes tremblaient comme après une
longue course, ses oreilles sonnaient et ses prunelles
suivaient dans l'air la ronde de mauves cellules à
noyau de feu. En vérité, il éprouvait cette sensation
de faiblesse écœurée qui vous accueille à l'issue d'un
long évanouissement.

Plus tard, il distingua son père qui parlait à un
machiniste en écartant les bras dans un geste
d'impuissance avouée. Et voici que les conseils qu'il
avait oublié de suivre lui revenaient à l'esprit. Il était
mécontent, malheureux, inquiet. Il lui semblait que
tous ces étrangers le jugeaient ridicule, que son père
était affligé de sa maladresse, et que Despagnat, sans
doute, regrettait de l'avoir convoqué. Il vit la haute
silhouette du metteur en scène venir sur lui, les
épaules soulevées, les mains enfoncées dans les
poches. L'homme s'arrêta à le toucher presque de ses
vêtements qui sentaient fort l'eau de Cologne et la
fumée. Christian ne distinguait pas son visage, à
contre-jour du seul projecteur allumé. Il attendait, le
cœur battant, qu'il le critiquât. Mais l'autre ne disait
rien et balançait la tête. Et, tout à coup, il prononça :

« Eh bien! mais ce n'est pas mal du tout, mon
petit. Nous allons tourner ça et je t'indiquerai deux
ou trois répliques pour le son. Seulement, tâche de

me jouer la scène aussi sobrement *naturally* que tu viens de le faire. Compris? »

Une joie sauvage fondit sur Christian. L'envie le saisit de bondir au cou de ce gaillard étiré, à la voix douce, et de l'embrasser, et de lui crier son orgueil, et de devenir son ami! Mais l'autre, inconscient, eût-on dit, de la satisfaction prodigieuse qu'il avait dispensée, poursuivait déjà, tourné vers la nuit :

« Vous êtes prêt, Collet? Lumière! va te placer, mon petit... »

Dans le couloir, Vautier prit la main de l'enfant.

« Ce n'était pas mal, dit-il, mais tu aurais pu faire mieux! Je t'avais indiqué quelques effets sûrs que tu t'es empressé de ne pas caser. Résultat : tu as joué mou. D'ailleurs, Despagnat m'a également déçu. Il ne sait pas, comment dirais-je? donner un élan, soulever, jeter les acteurs au-delà d'eux-mêmes! C'est sans doute un honnête technicien, mais il n'a pas l'étoffe d'un artiste!... »

Il poussa une porte, et ils se trouvèrent dans la cour noyée de brume et de nuit. Antoine remonta son foulard.

« Tout cela n'a du reste qu'une importance secondaire, conclut-il. L'essentiel est que tu aies plu. Car tu as plu. Le machiniste me l'a dit pendant que tu tournais la scène. Il a vu examiner des dizaines de gosses, mais à aucun d'entre eux Despagnat n'a adressé le moindre compliment. Il prétend même que l'affaire est dans le sac. Je ne vais pas jusque-là. Mais, tout de même... tout de même... D'ailleurs, on ne peut rien savoir avant la projection... »

Il passa un doigt dans le col du petit :

« Tu as chaud. Couvre-toi bien. Il faudra soigner

ta gorge. Et maman qui nous attend dans les transes.
Dépêchons-nous! J'ai presque envie d'arrêter un
taxi! Non, voici le tram. Mais nous prendrons des
premières. La grande vie! Et dire que, si je n'avais
pas insisté, tu serais encore en train de pâlir sur des
bouquins dans ta chambre! Je peux me vanter
d'avoir eu du flair, hein? Tu es heureux? Réponds!...
Mais réponds donc! On dirait que tu dors
debout!... »

Seeing first takes of the film.
First impact on wife, Jeanne ⊕ of how
things are going

5

Used to share devotion between Father
+ Son — Mainly on son now.

Plantés devant la porte, ils attendaient pour
entrer que s'éteignît enfin la lampe rouge allumée au-
dessus de l'écriteau : « Silence ».

Les prises de vue avaient commencé le matin
même à neuf heures, mais, retardée par divers
travaux ménagers, Jeanne n'avait pu partir en même
temps que son fils dans la voiture que Despagnat
avait mise à leur disposition. Antoine s'était résigné à
ne l'accompagner que plus tard, quitte à manquer le
premier tour de manivelle. Depuis six heures, pourtant, elle était sur pied, préparant les sandwiches, le
chocolat du petit, cirant les chaussures, brossant les
habits, s'agitant, se dépensant, saisie d'une hâte
vétilleuse. Et, après le départ de Christian, il avait
fallu acheter du jambon, des œufs pour le souper,
ranger l'appartement, s'habiller elle-même. Elle était
exténuée, énervée, prête à pleurer pour un rien, parce
que sa robe avait de gros plis lâches dans le dos,
parce qu'elle s'était trop poudrée, parce qu'il pleu-
vait, parce qu'Antoine était mal rasé, parce qu'il n'y
avait plus de places assises dans le tramway qui les
emportait. *By time she reaches studio*
she is v. on edge

La lampe rouge s'éteignit au-dessus de l'écriteau de verre. Vautier poussa la porte :

« Suis-moi. »

Le studio n'avait plus cet aspect de grenier désert et sonore, de hangar éventé, de gare abandonnée après le passage du dernier train. Au centre, se dressait un décor dont on ne voyait que l'envers de contre-plaqué beige à charpente de bois blanc. Un projecteur, allumé derrière la cloison, envoyait au plafond une aurore opaline et figée. Des électriciens en cotte bleue s'affairaient, rapides et silencieux, se hissaient sur les plates-formes, corrigeaient l'inclinaison d'un projecteur, redescendaient, traversaient en courant la salle.

Antoine et Jeanne contournèrent l'échafaudage, évitant les tableaux de commande, enjambant les poutres de soutènement; et Vautier n'arrêtait pas d'expliquer, de commenter, de critiquer :

« Trop bas de plafond, le studio! Et le revêtement de liège ne vaut rien! Tiens, tu vois les types vêtus en bleu? Ce sont des électriciens... Ceux vêtus en brun, des machinistes... Un électricien n'a pas le droit d'employer le mot « ficelle »... Un machiniste... »

Elle approuvait : « oui, oui... » avec fatigue, avec reproche. Elle avançait, le visage lourd, le regard échappé, comme une femme qui va tuer. Il dit :

« Tu en fais une tête!... »

Le dernier portant dépassé, ils découvrirent soudain le décor. Une chambre privée de plafond, aux murs tendus d'étoffe grise et ouvrant par une porte-fenêtre sur un triste coin de parc. Un bureau chargé de registres. Des chaises alignées contre les parois. Despagnat se tenait au centre de la pièce et feuilletait un cahier de paperasses dactylographiées. Il était en bras de chemise et portait ses lunettes remontées sur le front. Collet se démenait autour de la caméra.

« Alors, c'est réparé ? dit Despagnat.

— Oui.

— Lumière ! »

De droite, de gauche, d'en bas, d'en haut, les projecteurs firent feu. Une dure clarté d'étalage frappa les murs, aiguisant les teintes, ramassant les ombres en lignes ténues contre les objets, enfermant d'un choc le plateau dans une atmosphère surhumaine. La main en visière, Collet criait des ordres :

« Donne-nous le deux !... Serre... Serre encore... Pique un peu, maintenant... Élargis le rayon du trois... Donne le spot... »

Despagnat reculait d'un pas, clignait des yeux :

« Qui est-ce qui m'a fichu ce tableau sur le mur ?... J'ai demandé une gravure, une petite gravure !... Accessoiriste ! Accessoiriste !... »

Des voix répétaient :

« Accessoiriste !... »

Un homme surgissait de l'ombre.

« Il me faut une gravure.

— Bien, monsieur Despagnat. Quel genre de gravure ?

— Ça m'est égal ! Soixante centimètres sur quarante, à peu près... le reste ça m'est égal... Et sans verre, à cause du reflet !... »

L'autre s'éloignait en courant, s'arrêtait un peu plus loin, secouait la tête : « Il est sonné ! Où veut-il que je lui trouve ça ? Fallait le voir plus tôt ! » repartait, hurlant quelque chose.

« Pousse-toi : tu gênes le passage », dit Vautier.

Elle s'écarta. Elle était apeurée, fâchée. Tous ces gens qu'elle ne connaissait pas, criards, agités, grotesques, tout ce bruit, toute cette lumière l'étourdissaient.

« Où est le petit? » dit-elle.

Un figurant, vêtu en valet de pied, lui désigna une chaise dans un coin :

« Asseyez-vous, madame.

— Ma parole, c'est Pilou! s'exclama Vautier. Tu tournes un rôle?

— Une silhouette. Cinq ou six jours au plus. Dis donc, si tu pouvais m'obtenir quelque chose par le petit... »

Il promettait, grand seigneur :

« Sois tranquille, je m'occuperai de toi. Comment ça marche?

— Ça décolle lentement. Mais le gosse est admirable. Un dynamisme... un... un statisme... Tu as dû le travailler un peu?... »

Il sourit, mystérieux, important et dit :

« Un peu, oui... un peu... Tiens! Kirchoff! vieille barbe! Ça va? »

Le maquilleur s'avançait, énorme dans sa blouse blanche de dentiste, et des bâtons de fard passaient hors de sa poche leurs têtes écrasées et multicolores.

« Ça va, ça va... »

Antoine était heureux de connaître tant de monde et que tant de monde surtout le reconnût. Il serra la main du bonhomme, et lui dit à l'oreille une injure russe qu'il avait récemment apprise et qui les fit rire tous deux dans un ronron de moteur qui démarre.

« Silence! cria Despagnat. Si j'entends encore du bruit, je fais évacuer le plateau! Accrochez la gravure... Plus haut... Bon!... Retirez-vous... Où est Vautier? »

Jeanne éprouva une courte révolte à entendre appeler Christian par son nom de famille, sans plus de ménagement que s'il avait été un acteur de métier.

« Vautier! Monica! Gourbier! C'est insensé! On ne peut pas interrompre une seconde sans qu'ils en profitent pour se défiler dans les loges! Allez les chercher! Ah! les voilà!... »

Un gros homme aux cheveux blancs, à la face crémeuse et vêtu d'une soutane de prêtre apparut dans le champ des sunlights. Une femme le suivait, jeune, onduleuse, légère, au bref petit visage de chat, coupé de longs yeux obliques. Elle portait une robe à tournure en satin mauve, bordée de cygne, et une toque fleurie de violettes fraîches.

Vautier se pencha vers Jeanne :

« C'est Monica, dit-il. Tu l'as vue avec moi dans *La Grande Chevauchée,* la semaine dernière. Elle n'a pas un brin de talent, mais elle est la maîtresse de Despagnat. Il paraît même...

— Christian!... »

Elle avait presque crié ce prénom, comme blessée. Elle regardait avec un désarroi stupide venir sur eux un maigre garçon habillé d'un veston de velours rouge, les jambes à l'air sous une courte jupe écossaise et coiffé d'un béret à chardon d'argent. De longs cheveux de fille d'un blond de foudre lui descendaient en rideau sur les épaules. Sa figure était passée au jaune mandarine et ses lèvres au raisin. Ainsi maquillé, accoutré, il avait l'air d'une gamine vicieuse, d'un petit saltimbanque, d'un jeune singe savant. Une honte aiguë la traversa. Elle sentit que le

spectacle de cette mascarade froissait en elle des
sentiments de tendresse farouche, de fierté hérissée...
Elle chuchota :

« Antoine, tu as vu le petit?...

— Oui, dit-il simplement. Il est assez rigolo. »

Christian les avait aperçus. Il désigna du doigt sa
jupe écossaise et fit mine de pouffer de rire dans son
poing.

« Va te placer », dit Despagnat.

L'abbé s'était installé derrière son bureau, Monica
sur une chaise, et l'habilleuse arrangeait déjà les plis
de sa robe autour d'elle, soufflait sur la fourrure
pour l'ébouriffer. Kirchoff tamponnait le visage de
Christian avec un carré de buvard rose.

« Dégagez! »

Un machiniste surgit dans le champ, portant une
planchette noire où le nom du film s'inscrivait en
lettres blanches. Il rabattit la claquette, annonça :

« *Jack*, numéro douze. Deuxième fois, et s'esquiva
courbé en deux.

— Ambiance! »

Christian avait appuyé sa joue contre la joue de
Monica, et Jeanne éprouvait un bizarre malaise à
voir cette étrangère à figure de fille toucher les
cheveux de l'enfant, l'attirer contre elle, lui effleurer
les yeux d'un baiser volant de sa grasse bouche
fardée. Jeanne is jealous

« — Le nom? » dit l'abbé.

« — Jack! mais par un k, monsieur le supérieur.
Le nom s'écrit et se prononce à l'anglaise... »

— Coupez! cria Despagnat. Ça ne peut pas
marcher comme ça! Monica, vous regardez le micro
et Vautier n'est pas assez tendre! Et puis, qu'on me

retire la petite gravure qui est accrochée au-dessus de Gourbier! Elle fout toute la scène par terre!

— Il ne sait pas ce qu'il veut », murmura Jeanne.

Elle avait espéré une suite logique et vive de tableaux et ce retard, déjà, l'irritait. La journée lui réservait bien d'autres épreuves : arrêts interminables pour des questions de détail, incohérence, agitation, ennui... Dix fois, les mêmes acteurs prononcèrent les mêmes répliques avec les mêmes intonations. Dix fois, les lumières furent recomposées, les angles de prises de vue modifiés.

Il faisait une chaleur intolérable. Les yeux lui brûlaient. Elle avait mal à la tête, mal au cœur, vaguement. Et cette fatigue qu'elle endurait devait être bien peu de chose, songeait-elle, auprès de celle qu'éprouvait le petit. Comme il souffrait, sans doute, frappé à bout portant par la clarté blanche des projecteurs, l'esprit concentré, les nerfs tendus, attentif à son texte, à sa voix, à sa pose et interpellé à tout moment par Despagnat qui corrigeait ses gestes les plus naturels! S'il allait défaillir, ou fondre en larmes tout à coup? Elle se prenait à détester cet homme en bras de chemise qui paraissait goûter un malin plaisir à prolonger le supplice du petit :

« Ce n'est pas ce que je vous ai demandé, Vautier... »

Que toutes ces réflexions étaient absurdes! Ne comprenait-il pas que Christian jouait de son mieux, qu'il était épuisé, qu'il fallait arrêter les prises de vue? Comment se pouvait-il que personne ne protestât?

Plus tard, Christian vint les retrouver pendant une pause. Elle le saisit par le bras, l'attira près

d'elle, lui demanda s'il n'était pas fatigué, s'il n'avait
pas faim.

« Veux-tu que j'aille t'acheter des sandwiches dans
un restaurant ? »

Il se débattait, riait à grands éclats, affirmait qu'il
n'avait besoin de rien et qu'il serait sans doute
capable de travailler quatre ou cinq heures encore s'il
le fallait. Mais un enrouement léger de la voix, un
certain affaissement des épaules, révélaient son
épuisement.

D'une main souple, elle voulut lui caresser les
cheveux, mais sentit, sous les fils soyeux, la calotte
rugueuse de la perruque et reporta instinctivement sa
paume sur le front de l'enfant. Il s'écarta :

« Mon maquillage, maman... »

6

LA vaisselle rangée, elle passa dans la chambre d'Antoine. Sur la table l'attendaient encore un paquet de tabac, une liasse de feuilles de papier fin, la boîte à savon désaffectée. Elle s'assit devant ces objets de chaque jour. Mais elle ne songeait pas à travailler. Sa main atteignit parmi les brochures dactylographiées un bouquin à couverture de toile noire : *Jack*. Elle l'ouvrit, le feuilleta, cherchant les passages où figurait cet enfant dont Christian jouait désormais le rôle. Le volume était illustré de gravures grisâtres et maladroites : un d'Argenton aux moustaches flottantes, une Ida de Barancy au visage charbonneux, un Jack à taille de gnome... Elle parcourut une page, deux pages, referma le livre. Elle avait beau s'affirmer que les héros de cette triste histoire n'avaient jamais existé, que leurs aventures mêmes étaient peu vraisemblables, elle ne pouvait s'empêcher de s'affliger de leur sort. Et, par un ricochet soudain, cette pitié, dédiée d'abord à des fantômes, la ramenait à son fils. Elle n'admettait pas qu'il sût mimer une pareille détresse sans l'éprouver vraiment. Sans doute, les souffrances qu'on lui

imposait de feindre devenaient-elles graduellement
ses propres souffrances. Sans doute, se sentait-il
accablé déjà par un passé qu'il n'avait pas connu,
effrayé par un avenir qu'il ne connaîtrait pas. Sans
doute, ne pouvait-il plus se retrouver hors de son
personnage. Et, de tout cela, elle était seule fautive.
Que n'avait-elle mieux insisté auprès d'Antoine pour
qu'il abandonnât son projet! Que n'avait-elle mieux
présenté combien elle estimait indigne qu'un intérêt
pécuniaire les guidât seul dans cette entreprise! Mais
il lui avait parlé aussi d'une carrière glorieuse pour le
petit, et elle avait cédé... Pourtant, elle ne croyait pas
à cette carrière. Malgré les affirmations de son mari,
les récits de Christian, les échos que les journaux
publiaient déjà sur les prises de vue, elle ne parvenait
pas à prendre cette aventure au sérieux. Le métier
d'acteur, comme les autres métiers, supposait une
étude ingrate et longue, un essai modeste, une
ascension laborieuse vers l'épanouissement conscient
et vénérable de la vedette. A suivre cette filière,
Antoine avait acquis une science avisée qui, certainement, le rendait l'égal des plus grands. Elle estimait
qu'il devait attendre beaucoup de l'avenir. Mais le
petit!... Les événements s'étaient déroulés trop
rapidement pour qu'on pût attacher une importance
définitive à ses débuts. Un engouement passager du
public les marquerait peut-être... Et après?... Que
ferait-elle s'il lui revenait ennuyé, hautain, dédai-
gnant la vie qu'il avait jadis menée auprès de ses
parents? Bien des enfants eussent réagi de la sorte
après l'expérience dangereuse qu'il traversait. Mais il
n'était pas semblable aux autres. Elle le connaissait.
Elle n'avait pas le droit de le croire capable d'aucune

vilenie. Elle n'avait pas le droit d'être malheureuse. Il était même odieux qu'elle cherchât une raison de l'être alors qu'elle en avait cent de ne l'être pas!

Elle se leva, passa dans la salle de bains. Il y régnait une chaleur humide de buanderie. Des chaussettes aux pieds ridés et tordus pendaient le long du radiateur. Elle les enroula dans une serviette et revint dans la chambre, serrant le ballot contre son ventre. Puis, elle s'assit près de la fenêtre, déplia le paquet sur ses genoux et se mit à raccommoder.

Tout un après-midi de solitude et de réflexion! Bien sûr, elle aurait pu accompagner le petit aux prises de vue. Mais Antoine avait été engagé pour une synchronisation qui l'occupait à longueur de journée et elle n'osait pas retourner seule au studio.

Autour d'elle, la pièce était calme, obscure, abandonnée à ce chaud désordre masculin qu'elle aimait parce qu'il gardait la marque d'une chère présence. Des rumeurs touffues bordaient le silence de l'appartement. Piaillements d'un marmot, bruit de pas, claquement d'une porte. Le radiateur fuyait et, à intervalles réguliers, une goutte tombait, cristalline, dans la soucoupe disposée sous le tuyau. Dans la cuisine, le réveille-matin tintait, avec l'importance ennuyée d'un métronome. Le jour baissait lentement, noyant les ombres dans son ombre.

Elle alluma la lampe, reprit son travail. L'œuf de bois, glissé dans la chaussette, passait sa coque jaune par le trou. L'aiguille filait d'un bord de la déchirure à l'autre, tendait une légère trame noire sur le fond verni. De temps en temps, elle aplatissait les points d'un tapotement de dé, soupirait, secouait ses épaules engourdies et se penchait de nouveau sur son

ouvrage. Et, pendant que ses yeux suivaient le voyage
régulier du fil, les mêmes images lui revenaient à
l'esprit. Elle désirait le retour d'Antoine et de
Christian qui romprait cet isolement insupportable.
Mais Antoine ne rentrait qu'à sept heures et Christian, au plus tôt, à sept heures et demie. Dès
six heures, cependant, elle s'affairait, descendait
acheter du pain, préparait les couverts, dressait le
décor de leur arrivée.

Ils venaient enfin, l'un et l'autre, fourbus, exubérants, projetés hors d'une vie passionnante.

Antoine mangeait comme quatre, buvait sec, parlait haut :

« Ils affirment que j'ai le timbre de Charles Boyer,
au micro... Pour moi, ils se trompent... J'ai l'organe
plus velouté, plus étouffé... Compare un peu... »

Il proférait gravement :

« — Non, nous n'avons pas gagné la bataille!... »
« Non, nous n'avons pas gagné la bataille!... » Boyer
disait... Tu m'écoutes?... » Et il répétait d'un ton plus
rauque :

« — Non, nous n'avons pas gagné la bataille!... »
« Non, nous n'avons pas gagné la bataille!... » Tu
saisis la différence? D'ailleurs, ils sont emballés! Ils
parlent de me confier le doublage de Johny dans *Le
Tueur de Gay Street!* Et toi, mon petit, ça marche
toujours? Il n'a pas l'air de rechercher les extérieurs,
ton Despagnat!

— On part dans quinze jours.

— Seulement?

— On serait parti plus tôt si Monica n'avait pas
saboté la scène de mon retour. Ce qu'elle peut être
nulle cette fille-là! Aujourd'hui. Despagnat a passé

Antoine still obsessed c̄ h.self

toute sa matinée à lui expliquer la différence qu'il y a
entre un « non » négatif, comme il dit, et un « non »
interrogatif!... Oui, tu sais bien, quand je lui parle de
la pension, elle doit m'interrompre par des
« non? »... « non? »... comme une personne étonnée,
quoi! Rien à faire! Elle sortait des « non »... « non »,
avec l'air de me dire : « c'est pas vrai ce que tu
racontes là! » On a recommencé six fois le bout de
dialogue! Enfin, elle a piqué une crise de nerfs.
L'habilleuse l'a entraînée dans sa loge, Despagnat l'a
suivie! Sels, compresses, etc.! Résultat, on a dû
changer le texte! Ce que j'ai pu me marrer!... »

Il se dandinait, les mains coincées entre son
derrière et sa chaise, le dos en boule, la tête rentrée
dans les épaules.

« Ce que j'ai pu me marrer!... Ce que j'ai pu me
marrer!...

— Mange! Tu parleras après, disait Jeanne.

— Je n'ai pas faim. Et tu sais, Degal, qui reprend
le rôle de Jack dans la seconde partie du film, je l'ai
vu aujourd'hui : quelle gueule de clown!

— Christian!

— Une vraie gueule de clown, maman! Des yeux
qui font roue libre! Un nez en truffe! Des dents en
mots croisés!... Si c'est comme ça que Despagnat se
représente Jack à vingt ans! Ils ont répété une scène
avec Monica dans la loge : c'était fendant! Il force
tous ses effets, il insiste, il...

— Je te trouve sévère, dit Vautier. Il est très facile
de critiquer les autres. Quand tu te verras à l'écran!...

    Eh bien? J'ai déjà vu quelques bouts du film. Je
ne casse peut-être rien, mais, en tout cas, j'ai un jeu

discret... un jeu rentré... C'est Despagnat qui me l'a
dit...

— Tu sais, Despagnat m'agace un peu avec son
histoire de « jeu rentré »! On rentre surtout ce qui ne
vaut pas la peine d'être sorti! Un type qui a quelque
chose là (il se tapa la poitrine), ça se sent tout de
suite, parce qu'il ne peut pas rester une minute avec
un visage de suisse! Veux-tu que je te dise? Despagnat, c'est un impuissant de la pellicule!...

— C'est pas toi qui l'as inventé! C'était dans un
canard la semaine dernière!...

— Que le mot soit de moi ou d'un autre, cela ne
change rien à la chose! Tu as tort de déboulonner des
types qui ont de la classe comme Degal et de
t'emballer sur des simili-grands bonshommes comme
Despagnat! Un point c'est tout!... »

Christian s'ébouriffa les cheveux d'une claque,
secoua le front.

« Au fond, si tu savais ce que je m'en balance de
toutes ces histoires!... »

Et il rit doucement. Elle les regardait, le père et le
fils, assis l'un en face de l'autre, les coudes sur la
table, les visages rapprochés, et discutant et riant,
comme deux francs camarades qui se comprennent à
demi-mot. Et elle était heureuse de cette entente
chaque soir publiée.

Antoine parlait à présent. Et Christian approuvait
à lents hochements de tête, les sourcils froncés, les
paupières écarquillées pour lutter contre l'assoupisse-
ment qui le gagnait.

« Tu dors sur ta chaise, mon pauvre chéri, dit
Jeanne. Va te coucher.

— Penses-tu! Je ne suis pas fatigué! J'ai simplement quelque chose dans l'œil! »

Il tendait vers la lumière un visage las, aux prunelles éteintes. Il marmonnait d'une voix annulée de sommeil :

« Demain, on va rigoler : je tourne la visite à la pâtisserie et Despagnat m'a promis qu'on nous servirait de vraies tartes sur le set... Comment que je vais la rater, cette scène-là, pour qu'on la recommence souvent!... »

Il avait un rire enroué, frappait mollement du plat de la main sur la table, baissait le nez sur la poitrine, chassait un profond soupir et se taisait enfin.

Antoine clignait de l'œil à sa femme.

« Christian! » appelait-il.

L'enfant continuait de souffler régulièrement. Alors, Antoine empoignait le garçon sous les aisselles, Jeanne lui prenait les jambes et tous deux le transportaient dans sa chambre à petits pas latéraux, pendant qu'il balbutiait des paroles incohérentes et remuait les bras.

Puis, ils le déposaient sur le lit et commençaient à lui ôter ses vêtements. Mais il se raidissait tout à coup, dressait la tête, et ses paupières péniblement soulevées découvraient un regard morne :

« Je ne veux pas me coucher, bafouillait-il. Quelle heure est-il?

— Minuit, affirmait Antoine avec une sérénité parfaite. Nous avons bavardé trop longtemps ce soir. Moi-même, je ne tiens plus debout. »

Satisfait, Christian refermait les yeux et se laissait déshabiller sans plus tenter un geste de révolte. Jeanne l'aidait à se glisser sous les draps, le bordait

étroitement, éteignait la lampe et se retirait, suivie
d'Antoine, sur la pointe des pieds :

« Dors! »

Mais il ne parvenait plus à dormir, à présent qu'on
l'avait couché. Un agacement joyeux le tenait éveillé,
l'esprit vague, le corps rompu. Il se répétait avec une
délectation vaniteuse les compliments qu'il avait
reçus dans la journée. Il revoyait l'habilleuse, piau-
lant, les mains jointes et les prunelles révulsées :
« Jésus! Marie! Joseph! Ce que vous avez pu me
faire pleurer aujourd'hui, monsieur Christian! » Et
Despagnat, le prenant à l'écart pour lui confier
brusquement : « Continue comme ça, mon petit!
c'est tout ce qu'on te demande. » Et ce journaliste
qui l'interrogeait entre deux prises de vue : « Comment la vocation vous est-elle venue? » D'autres
encore.

A dire vrai, l'admiration de ces étrangers n'était
pas faite pour le surprendre. Il avait toujours pensé
qu'il était un être exceptionnel et qu'un avenir
prodigieux l'attendait à quelque branche de l'activité
humaine qu'il se consacrât. Il était singulier, sans
doute, que les gens se fussent aperçus aussi rapidement de ses qualités artistiques et l'eussent engagé
pour tourner ce film alors que, la veille encore, il
n'avait jamais mis les pieds dans un studio; mais ce
choix soudain, cette réussite surprenante, s'harmoni-
saient assez bien avec l'image qu'il s'était toujours faite
de sa destinée. Au reste, il était parfaitement satisfait
de son sort. L'existence active qu'il menait le
changeait tellement du paisible régime scolaire qu'il
s'étonnait d'avoir pu supporter aussi longtemps : la
classe grise, les devoirs de robinets et de trains, les

leçons d'histoire... A présent, il croyait participer à quelque étrange partie de plaisir. On l'habillait, on le maquillait, on le priait de mimer les peines, les joies d'un petit garçon ; et chacun de ses gestes et chacune de ses paroles étaient enregistrés avec soin ; et pendant qu'il jouait ce rôle, toutes les lumières, tous les regards, toutes les pensées étaient dirigés sur lui. Des inconnus s'occupaient de lui, espéraient en lui, le critiquaient, le jugeaient, l'admiraient, alors qu'à la maison sa mère n'avait jamais pu le laisser débiter une tirade sans l'interrompre aussitôt sous quelque prétexte futile. Quelle merveilleuse revanche !

La joie était en lui comme un vertige léger. Il se sentait stupide d'orgueil, de force, de santé, de tendresse. Il sourit, chercha de la joue une place fraîche sur l'oreiller. Il faisait chaud. Un poste de radio jouait en sourdine au-dessus d'eux : il n'est pas minuit, songea-t-il. Dans la chambre voisine, il entendait la voix de son père, répétant son rôle pour le lendemain, et la voix de sa mère qui lui donnait la réplique :

« — Puis-je vous demander de monter dans mon auto, Clara ? » disait Antoine.

« Puis-je vous demander de monter dans la mienne, William ? » répondait Jeanne.

Le colloque se poursuivait dans ses oreilles, et les paroles, d'abord distinctes, se fondaient bientôt dans une plane rumeur de marée. Il fermait les yeux, avec la sensation de réfléchir très exactement à une question importante. Mais, en vérité, il dormait déjà.

We join at end of first showing of film.
The film is very popular!

UNE teinte bleue d'une pureté lavée, lacustre, lunaire, envahit l'écran, et le mot « fin », lancé hors du vide, explosa en larges lettres blanches sur le champ de couleur.

Aussitôt, les accords mugissants des orgues déferlèrent comme des vagues de fond, pour clore la présentation du film à la presse. Mais, la musique furieuse ne s'était pas apaisée que les /applaudissements éclataient déjà. /Ils partaient en rafales crépitantes et se mêlaient dans un roulement formidable de tombereau.

Dans la salle, graduellement rendue à la lumière, Jeanne voyait le public dressé, acclamant, trépignant. Elle se rejeta sur le dossier de son fauteuil. Elle n'en pouvait plus. Une joie convulsive la possédait. Son cœur battait à coups brusques dans sa poitrine. Son visage brûlait, comme penché sur une flamme. L'air fuyait ses lèvres, la clarté ses yeux. De ses paumes tremblantes elle essuya ses joues trempées de sueur et de larmes. *Jeanne in very high emotion*

« Poudre-toi, coiffe-toi, chuchotait Antoine. Tu es ridicule... »

Lui-même s'était levé, et secouait ses pantalons et le bas de sa veste pour en détacher les lambeaux du programme nerveusement déchiqueté pendant la projection. Il était pâle, et ses paupières clignaient rapidement :

« S'ils continuent leur chahut, Despagnat sera obligé de saluer, et Christian aussi, peut-être... »

Elle regardait, dans cette loge lointaine, Despagnat assis de profil et, derrière lui, la silhouette immobile de Christian. Mais elle ne distinguait pas les figures à travers la fumeuse lumière jaune. Elle dit :

« Ils ne le reconnaîtront pas... »

Cependant, les visages se tournaient déjà vers la baignoire. Au balcon, des spectateurs se penchaient, montraient du geste le coin de la salle. Et les applaudissements, qui avaient baissé dans un doux bruit de flot qui se retire, s'amplifiaient soudain. Une voix de femme piailla quelque chose que Jeanne ne comprit pas, mais que d'autres voix répétèrent. Despagnat se dressa dans un lent mouvement maladroit, déhanché, salua d'un plongeon du buste. Une fois. Deux fois. Puis, Jeanne le vit tendre la main vers Christian, et le désigner en secouant la tête. Les applaudissements redoublèrent, troués de cris.

Jeanne, debout, dévisageait avec une expression d'illuminée cette foule tournée vers son fils pour l'acclamer. Tous ces inconnus venus dans cette salle avec leur ennui, leur suffisance, leur hargne de chaque jour, voici que son petit les avait soudainement charmés! Voici qu'ils l'admiraient sans réserve, ce gamin que, la veille encore, ils ne connaissaient pas! Voici qu'ils proclamaient son triomphe! Ah! qu'elle les aimait ces visages anonymes, piqués sur la

masse sombre du public, ces mains sonores, infati-
gables, dont les battements semblaient les battements
mêmes de son cœur. Elle avait envie de les remercier,
de leur expliquer, de leur crier qu'elle était la mère de
Christian et qu'elle était heureuse au-delà de ses
forces! Près d'elle, un vieux monsieur chauve au
visage soufflé, au regard perdu sous l'eau bleue d'un
lorgnon, s'exclamait, penché vers sa voisine :

« Un gosse étonnant... étonnant, ma chère! Je ne
trouve pas d'autres mots : étonnant! »

Elle l'aurait embrassé! Et ces deux hommes,
devant elle, que disaient-ils? Elle n'entendait pas. Le
vacarme glorieux couvrait toutes les conversations.
Et elle eût voulu les entendre toutes! Car tout le
monde parlait de son fils! Et ce soir, ces gens
dispersés aux quatre coins de la ville parleraient
encore de son fils! Et demain aussi! Et les autres
jours! Et personne, bientôt, n'ignorerait rien de cette
victoire!

Mais elle remarqua soudain que l'ovation se
calmait, se perdait dans une rumeur de toux, de pas,
de voix, de rires. Le vieux monsieur chauve avait
cessé d'applaudir. Il aidait sa voisine à enfiler un
manteau à doublure de feu. Et d'autres aussi s'étaient
arrêtés d'applaudir autour d'elle. Certains se diri-
geaient déjà vers la sortie. Il lui semblait que c'était
une trahison et qu'elle ne saurait plus accepter le
silence. Elle ne put s'empêcher de frapper ses paumes
l'une contre l'autre.

« Voyons, Jeanne! Ce n'est pas à nous d'applaudir », dit Antoine.

Docile, elle laissa retomber ses mains ouvertes;
mais, du talon, elle tapait le pied de son fauteuil.

« Tu viens?

— Attends encore! je ne vois plus ni Christian, ni Despagnat.

— Ils sont dans le hall sans doute. »

Des spectateurs qui sortaient les bousculèrent.

« Viens donc! »

Dans le hall, cerné de glaces dorées et encombré de colonnes aux fûts de verre dépoli, une foule lente, patiente, se pressait. Des hommes en habit, le visage poisseux de sueur, mais le plastron neigeux et les reins cambrés, des femmes, les omoplates en liberté, mais les hanches prises dans des robes collantes qui paraissaient trempées, lourdes et lustrées d'eau. Une odeur de cigarettes et de transpiration distinguée. Une rumeur de parlote polie, de volière réservée, de débarcadère élégant.

« Je ne les vois pas », dit Jeanne.

Elle se dressait sur la pointe des pieds, tendait le cou.

« Regarde : au bas de l'escalier. »

Elle tourna la tête et, au-dessus des épaules, elle aperçut le crâne verni du metteur en scène qui se penchait et se relevait dans un mouvement d'encensoir :

« Dépêchons-nous... » *To meet all the stars.*

Elle se dirigea vers lui. Elle avançait de profil, le ventre avalé, le bras tendu pour écarter les gens sur son passage. Antoine s'excusait pour elle, à mi-voix :

« Pardon, monsieur... Pardon, madame... »

Au pied d'un vaste escalier en forme de lyre, tendu d'un tapis écarlate et bordé de rampes en tubes chromés, Despagnat, Christian, Monica, paraissaient lutter contre un encerclement concerté de la foule.

Antoine making excuses for his wife

Despagnat, la face luisante, la cravate déviée, serrait des mains, s'exclamait, remerciait, présentait Christian, Monica. Christian s'inclinait, gauche, le regard fuyant, Monica renversait la tête et baissait les yeux dans une expression d'extase défaillante à chaque compliment qu'on lui adressait.

Comme Antoine et Jeanne arrivaient près du groupe, une vieille dame au visage flasque, fardé à vif et emboîté dans une épaisse chevelure blanche à coulées mauves, piaulait :

« Maintenant, je ne pourrai plus voir le petit Jack autrement que sous vos traits charmants! Vous m'avez privée d'imagination pour le restant de mes jours! Je vous en veux, je vous en veux, je vous en veux! Ha! ha! ha! »

Une autre, sèche, au long nez masculin, l'interrompit :

« Quelle impression éprouviez-vous à vous voir agir, parler sur l'écran? »

Et, sans lui donner le temps de répondre, elle acheva :

« Un dédoublement de la personnalité? C'est l'avis de tous les acteurs! Et maintenant... maintenant... *Vous sentez-vous Vautier* ou *vous sentez-vous Jack?*

— Je ne sais pas, bredouillait Christian.

— Il ne sait pas!... Il est admirable!... Ses deux vies sont tellement mêlées l'une à l'autre qu'il ne sait plus s'il est Jack ou Vautier!... Vous avez entendu la réponse du petit Vautier, Serge?...

— Un écho tout trouvé pour *L'Essor féminin,* ma chère! dit un petit homme barbu et le nez chaussé de lunettes carrées.

— C'est Pradier, murmura Antoine.

— Qui?

— Pradier, le rédacteur de *La Voix*. »

Un seul rang d'invités les séparait encore de Christian. Jeanne s'inséra bravement entre les épaules imbriquées. Antoine la suivit, chuchotant :

« Surtout, ne va pas féliciter Christian... ou l'embrasser... Telle que je te connais, tu en serais bien capable!...

— Maman! »

Il s'était échappé vers elle et l'interrogeait, la voix basse :

« Ça t'a plu? »

Elle n'eut pas le temps de répliquer. La vieille dame à cheveux blancs et à face peinte les rejoignait déjà, s'écriait :

« Vous êtes la mère de notre jeune prodige, madame? Quel enfant sublime et comme vous avez le droit d'en être fière! Pradier, venez faire connaissance avec la vraie maman du faux petit Jack!

— Faut-il que votre fils ait du talent, madame, pour jouer à la perfection ce rôle d'infortuné, alors qu'il a la chance de posséder une mère aussi certainement aimante, aussi évidemment prévenante que vous!...

— Moi, minaudait une petite bonne femme blonde, je voudrais bien savoir les sentiments de la maman Vautier envers la maman de Jack? Haine ou pitié? Dites?

— La première chose à faire, dit un monsieur long et décoré, c'est de présenter les deux mamans l'une à l'autre! Monica! Monica! la mère de votre fils est là qui voudrait vous dire deux mots! »

Et il éclata d'un rire creux et cascadé, sans presque remuer les lèvres.

Jeanne écoutait ces plaisanteries absurdes, regardait ces visages étrangers et une gêne éperdue la gagnait. Elle savait qu'il fallait prononcer des phrases choisies, remercier, sourire... Mais elle craignait que ses paroles, que ses gestes, ne parussent ridicules à des personnes aussi évidemment importantes et bien élevées. Elle marmonnait :

« Vous êtes trop aimable... vous êtes trop aimable... »

Une conscience aiguë lui revenait de sa robe sombre et défraîchie, de ses mains courtes de ménagère. Elle rougissait de sentir le regard du petit posé sur elle, comme pour déceler son trouble et la juger. Certes, elle éprouva un soulagement réel à voir Antoine et Despagnat se rapprocher du cercle des curieux. Antoine paraissait très à l'aise, parlait harmonieusement et sans chercher ses mots, félicitait Despagnat sur le découpage et sur le montage du film, s'enquérait de la longueur de pellicule sacrifiée. Mis en présence des admirateurs de son fils, il fut charmant. Il raconta sur Christian des anecdotes inventées de toutes pièces, mais avec une telle assurance que Jeanne elle-même faillit être dupe :

« Un soir, je rentre dans la chambre du petit et je le trouve en train de pleurer. « Qu'as-tu, mon petit ? — Je pense que demain je dois m'enfuir de la pension sous la pluie battante, et qu'on me recueillera dans une carriole, et que je serai toujours malheureux !... » Et de sangloter, et de sangloter le nez dans son coude !... »

Tout le monde se récria :

« Pauvre chou!

— On est tellement sensible à cet âge! »

Jeanne craignait que Christian ne protestât contre cette légende, ou ne marquât, du moins, un étonnement révélateur. Mais il se balançait toujours d'une jambe sur l'autre, les mains dans le dos, le visage fermé. Et, vraiment, qu'il acceptât ce mensonge publicitaire la chagrinait un peu. Après avoir souhaité que se prolongeât indéfiniment cette éclatante soirée, elle désirait tout à coup retrouver l'appartement réduit, la cuisine modeste où, loin de tous, elle pourrait savourer sa joie. Elle murmura :

« Partons, Antoine! »

Mais il répliqua :

« Il n'en est pas question!... Nous ne pouvons pas laisser tomber ces gens!... Songe à la carrière du petit!... »

Ils soupèrent en ville avec Despagnat, Monica, Pradier et d'autres personnes qu'ils ne connaissaient pas. Ils rentrèrent tard. Antoine avait un peu bu. Dans le taxi qui les ramenait, il afficha une satisfaction émue. Il embrassait Jeanne et Christian gravement :

« Un grand jour! Un grand jour! disait-il. Le plus grand jour de ma vie!... »

Sa voix tremblait et des larmes éloignaient étrangement son regard.

« LE grand film est-il commencé? demanda Jeanne.

— Depuis dix minutes, madame, répondit un chasseur vêtu en généralissime.

— Nous aurons donc manqué tout le début! conclut-elle avec une simplicité tragique, tandis que Mme Goulevin se justifiait hâtivement :

— Il faut m'excuser, madame Vautier... Je ne pouvais pas venir plus tôt... Vous savez ce que c'est, quand on a des gosses... Et mon mari qui est malade avec ça... Des névralgies intercostales!... Ma belle-mère est venue le soigner cet après-midi... »

Comme elles pénétraient dans la salle obscure, le visage, la voix de Christian les accueillirent : son visage aux longs cheveux de fille occupait tout l'écran, sa voix, plus grave qu'à l'ordinaire, prononçait dans la nuit peuplée, soufflante, fumante, les phrases que Jeanne connaissait par cœur :

« — J'ai eu beaucoup de papas... papa Charles... papa Léon... des papas pour rire, vous savez... parce que mon père à moi est mort, il y a bien long-temps... »

Jeanne revelling in Chr's success

Chaque jour, Jeanne revenait voir le film accompagnée d'une amie, d'une voisine. Et, pendant toute la durée du spectacle, elle jouissait de leur admiration généreusement affichée. Elle leur racontait par avance le sujet de la bande, leur signalait les passages qu'elle estimait déchirants, les éclairait sur la personnalité des acteurs, citait quelques phrases d'articles à l'éloge de son fils, parlait « fondu », « rythme », « sonorisation »...

« Préparez-vous à pleurer, madame Goulevin! dans quelques instants vous verrez la mort de Madou, le petit Nègre. Le gosse qui joue le rôle de petit Nègre n'a rien à faire. Il dort... il meurt en dormant : c'est l'enfance de l'art!... Mais Christian!... Tenez, le voici qui entre dans la serre où repose Madou... Regardez quel visage crispé!... Quelle... quelle tristesse!... Quelle... Non! je ne peux pas voir ça!... »

She worships him

Et vraiment, chaque vision du film renouvelait en elle cette pitié idolâtre. La pensée que tous les jours, plusieurs fois par jour, son fils appelait à l'aide, se désolait, pleurait sur cette toile, la tourmentait, comme si Christian eût véritablement recommencé de souffrir à chaque séance. Elle était gênée aussi que le premier venu, moyennant le prix d'un fauteuil, pût jouir du spectacle de ce désespoir. Elle avait l'impression qu'une action barbare se perpétrait devant elle, qu'on livrait au public quelque chose d'intime, de fier, de préservé, dont il n'était pas digne. Elle se promettait de ne plus retourner au cinéma. Mais elle savait bien qu'elle ne pourrait résister à l'appel de la salle obscure et que le lendemain la retrouverait assise face à l'écran, commentant à voix basse, pour une amie docile et fascinée, les scènes prodigieuses qui se dérouleraient sous leurs yeux.

« Et voilà, madame Goulevin! Madou est mort. Le pauvre petit Jack a perdu son meilleur camarade... »

Mme Goulevin tamponnait ses paupières sèches avec le coin de son mouchoir, reniflait, toussotait :

« Ah! c'est bien triste... bien triste, tout ça!

— Et ce n'est rien encore! vous verrez ses mésaventures avec d'Argenton! »

Vers le milieu du film, elle déclara :

« A présent, on va vous montrer Jack à l'âge de vingt ans. Seulement, ce n'est plus Christian qui joue le rôle, bien sûr! C'est Degal. Il n'est pas très fameux... Si vous voulez nous pouvons partir...

— Mais j'aurais aimé rester jusqu'à la fin, balbutia l'autre.

— A votre guise... Seulement, je vous préviens, la deuxième partie est assez médiocre... Pour moi, j'ai du travail à la maison... Je suis très pressée... Je m'en vais... Passez me voir dès que vous aurez le temps... »

Elle prit congé, se leva, traversa le parterre bondé d'une humanité attentive, et se retrouva dans la rue.

Le jour baissait. Une pluie drue fauchait l'ombre. Sur la façade, deux portraits énormes de Christian et de Monica peints sur bois et encadrés de tubes au néon tendaient à l'averse leurs joues roses et leurs yeux démesurés de nocturnes. Devant la caisse, des gens faisaient la queue pour la seconde séance; et les derniers arrivés étaient relégués sur le trottoir, piétinant, pataugeant dans les flaques. Elle adressa une pensée amicale à ces personnes rangées en file et qui se résignaient à une attente interminable dans le

seul espoir d'admirer à leur tour l'image fameuse de
son fils. Enfin, elle s'éloigna.

Elle trouva Christian assis en tailleur sur le divan
de sa chambre et feuilletant des magazines artistiques
à monstrueuses photos de sépia. Elle dit :

« Bonjour, mon chéri. J'ai rencontré Mme Goulevin qui revenait du Mondial-Palace... »

Jeanne cachait à son fils qu'elle accompagnait ses
amies aux projections du film. Elle craignait qu'il ne
se moquât d'elle en l'apprenant et ne lui reprochât ce
besoin qui la possédait de glaner chaque jour de
nouveaux hommages.

« Alors? ça lui a plu? grommela-t-il sans lever les
yeux.

— Beaucoup. Elle était transportée!... »

Il l'interrompit :

« Quel tube à pommade, ta madame Goulevin!
Tiens, j'ai reçu les nouvelles critiques de l'*Argus :* si
tu veux les coller... »

Elle saisit l'enveloppe verte bourrée de papiers et la
vida sur la table.

« C'est bon? demanda-t-elle.

— Ça se tient. »

L'une après l'autre, elle cueillait les coupures de
journaux, les dépliait, parcourait vivement le résumé
du film et s'attardait aux dernières lignes de l'article
qui détaillaient et louaient le jeune talent de son fils.
Les expressions banales prenaient à ses yeux une
qualité singulière. Que le chroniqueur parlât de
« potentiel de souffrance », de « souplesse d'interprétation », de « profondeur trouble », de « génie à
l'état brut », de « puissance intuitive », ou d' « intui-

tion puissante », aucun de ces éloges ne lui paraissait surprenant, incompréhensible ou immérité. Elle se grisait de cette littérature hâtive et brillante au point d'en perdre doucement la tête. Rien ne subsistait en elle de ces doutes absurdes sur les mérites de Christian et sur l'opportunité qu'il y avait pour lui d'abandonner ses études pour se consacrer à une carrière artistique. Il lui semblait même que ces inquiétudes n'avaient jamais existé, qu'elle s'était toujours attachée à le pousser dans la voie où il s'illustrait à présent.

« A quoi penses-tu, maman?

— A rien, mon chéri, à rien... »

Elle prit dans le tiroir l'album à forte couverture de toile, les ciseaux, le pot de colle. Elle découpait et collait les articles avec une application d'écolière. Parfois, avisant une critique moins favorable que les autres, elle hésitait un instant, puis la déchirait, la jetait dans la corbeille à papiers. Elle disait :

« Je ne sais pas si je saurai caser tout l'article de La Voix sur une seule page... à moins de le plier en accordéon, peut-être... mais ce n'est guère commode... »

Et, à la dérobée, elle regardait Christian et s'interrogeait sur les sentiments étranges qu'elle éprouvait à son égard. Elle ne l'aimait plus avec la même simplicité paisible qu'auparavant. L'idée qu'un enfant dont toute la presse s'accordait à reconnaître le génie vivait à ses côtés, subissait sa présence, ses paroles, ses caresses, l'effrayait un peu. Une humilité nouvelle se mêlait à son affection sans la combattre. Son amour se muait en adoration. Son orgueil se compliquait d'abaissement. Elle ne soignait plus son fils, elle le servait. Elle lui vouait toutes ses ambitions, toutes ses pensées. Et, telle la mère d'un dieu, secrètement terrifiée et publiquement glorieuse, elle ne savait comment mériter l'écrasant bonheur qui lui était échu.

Toute à ses réflexions, elle ne vit pas son mari entrer, traverser la chambre et se pencher sur elle.

« Tu colles les articles? »

Elle sursauta :

« Oui... »

Il en prit un dans le tas, le balaya d'un regard distrait, secoua la tête et le reposa sans rien dire. Il était fatigué, énervé. Il avait envie de raconter sa journée et qu'on l'admirât un peu. Mais Jeanne collait ses articles et Christian lisait son journal. Ni l'un ni l'autre ne songeaient à le questionner. Il dit :

« Dans une semaine au plus j'aurai terminé mon doublage!...

— Oui? » prononça Jeanne, d'une petite voix étale qui lui ôta l'envie de poursuivre son récit.

Et elle ne leva pas les yeux de ses paperasses.

Il poussa la porte de sa chambre. A leur place habituelle, il vit le paquet de tabac, les feuilles de papier fin, l'étui à savon désaffecté, mais il était vide. La table n'était pas mise. Il en éprouva une certaine humeur et le désir rageur de prendre encore sa femme en défaut. Il chercha dans le tiroir la boîte de cachets, l'ouvrit. Elle n'en contenait plus qu'un seul. Il avait coutume d'en absorber deux avant le repas. Il dit :

« Il ne reste plus qu'un cachet, Jeanne.

— Eh bien, je t'achèterai une nouvelle boîte demain », cria-t-elle de la pièce voisine.

Simplement. Elle ne s'excusait pas. Elle ne s'étonnait pas. Il lui paraissait naturel de n'avoir pas vérifié la provision de cachets. Antoine se sourit amèrement dans la glace, roula une cigarette, la saliva, l'alluma. Il avait l'impression que cette minute marquerait dans sa vie une imperceptible laideur, une infinie déchéance. Il n'aurait su dire pourquoi, d'ailleurs.

« Tu peux commencer à mettre le couvert, Antoine. »

decay

He knows its the beginning of the end in his heart.

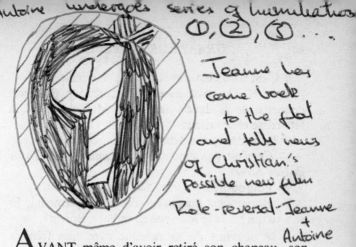

AVANT même d'avoir retiré son chapeau, son manteau, elle dit :

« Christian a manqué sa leçon de chant parce que Despagnat l'a convoqué pour quatre heures chez lui. Peut-être veut-il lui parler d'un nouveau film? Il cherchait des capitaux pour monter *Le Petit Prince Mirka*. Tu sais bien... cette histoire qui se passe dans les Balkans... Tu as lu le scénario la semaine dernière... Tu as même dit qu'il te plaisait...

— Oui, oui... en effet... »

Elle tenait à la main un bouquet de roses blanches enveloppées dans un cornet de papier transparent. Elle déplia le paquet, disposa les fleurs dans un vase.

« Tu les as achetées?

— Non.

— On te les a offertes?

— Oui.

— Qui?

— Ah! voilà! Un monsieur!... Un beau monsieur!... »

Et, comme il paraissait se désintéresser de l'aventure, elle cria dans un rire :

Antoine has lost his over-voice job

« C'est Christian... »

Puis, elle le toisa avec une expression de fierté coquette, de jubilation narquoise. Mais il gardait la tête basse et se taisait.

« Tu as des ennuis? dit-elle.

— Ce n'est pas moi qui synchroniserai *Le Tueur de Gay Street*...

— Pourquoi?...

— Ils prennent quelqu'un d'autre simplement... Et sais-tu qui?... Je te le donne en mille!... Boivin!... »

Il se délivrait de sa rancune avec une frénésie amère :

« Ils m'ont annoncé la nouvelle à deux heures... Oh! sans le moindre ménagement, comme on congédierait un domestique!... »

Elle s'était assise sur le divan. Elle l'écoutait, le visage grave, les mains croisées sur les genoux. Et, de sentir ce calme regard posé sur lui mêlait une certaine douceur à son chagrin. Il la devinait sensible à chaque mot, à chaque silence, suspendue vraiment aux épreuves qu'il traversait. Il n'était pas seul. Il n'avait jamais été seul.

« Je ne vois pas pourquoi tu te désoles, dit-elle. Boivin est très mauvais. Il ne fera certainement pas leur affaire. Ils te reprendront... »

Elle manquait de conviction. Mais cette maladresse même était un charme puisqu'elle lui prouvait à quel point sa peine était partagée. Il n'avait pas besoin d'autre chose, il ne désirait pas autre chose, ni même être moins malheureux. Au vrai, il craignait que ne s'altérât cette minute merveilleuse.

« N'est-ce pas bizarre! dit-il. Il a suffi que je te

raconte cette affaire et déjà me voilà plus tranquille... »

Elle eut un mince sourire à lèvres closes, inachevé, sérieux, et murmura :

« Il faut toujours tout me raconter... toujours tout me dire... »

Mais elle s'arrêta net, le visage frappé de ravissement. Elle écoutait la montée soufflante de l'ascenseur, coupée à chaque étage par un déclic de gâchette :

« Tu entends? C'est peut-être Christian... »

L'appareil s'immobilisa dans un claquement de portes vitrées.

« C'est lui! » — SPELL IS BROKEN (cos' of Christian)

Elle s'élançait déjà vers l'antichambre.

Christian entra, rouge, le manteau défait, le béret basque sur l'oreille et Jeanne le suivait :

« Alors? Qu'a-t-il dit? »

Le gamin s'effondra sur une chaise, les jambes ouvertes et raides, les pieds en équerre. Il renifla profondément.

« Tu es enrhumé? » demanda Jeanne.

Il secoua la tête et prononça d'une traite :

« Je crois qu'on va tourner *Le Petit Prince Mirka!* »

Jeanne, transfigurée, le souffle saisi, balbutia :

« C'est sûr?

— Presque... Ça se décide la semaine prochaine...

— Mon Dieu! Mon Dieu! tu entends ce qu'il dit, Antoine? »

Fiévreusement, elle débarrassait Christian de son manteau :

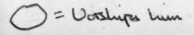

○ = Worships him

« Raconte!... Raconte!... Il faut t'arracher chaque nouvelle!... »

Elle était devenue toute pâle et ses yeux flambaient d'une joie vaniteuse.

« Que veux-tu que je te dise? Je suis venu chez Despagnat... Il a été très chic... Il m'a parlé du film... Il m'a montré les maquettes des costumes...

— Quel costume auras-tu?

— Pour la ville, le costume des collégiens d'Éton et pour les parades un truc impossible avec des brandebourgs, des bottes vernies et un chapeau de fourrure.

— Je suis sûre que ça t'ira très bien! »

Antoine observait sa femme avec anxiété. Qu'elle se trouvait loin de lui tout à coup! De cette tristesse qu'elle avait certainement connue auprès de lui, de cette compassion, de cet accord, il ne restait rien maintenant. L'arrivée de Christian avait rompu le charme. Elle s'était tournée vers son fils avec une allégresse oublieuse, avec un secret soulagement, peut-être! Elle parlait, questionnait, riait. Et cet intérêt, cette satisfaction lui faisaient mal. Mais il se reprocha bientôt ce ressentiment. N'était-il pas naturel qu'elle se réjouît des succès de l'enfant? Ne fallait-il pas qu'il s'en réjouît lui-même? Il essaya de se mêler à la conversation :

« Pour qui sont les autres rôles?

— Monica, bien sûr, peut-être Degal...

— Il devrait changer!

— Tu sais, quand on tient une bonne formule, il vaut mieux l'exploiter jusqu'au bout! » dit Jeanne.

Cette phrase l'irrita soudain au point qu'il serra les mâchoires et détourna la tête.

« Oui..., oui... sans doute », dit-il cependant.

Il s'efforçait de parler avec chaleur. Mais les mots qu'il disait sonnaient faux à ses oreilles et son visage, pensait-il, devait trahir une indifférence coupable. En vérité, il ne parvenait pas à entrer dans le jeu. Mais Jeanne était tellement heureuse qu'elle ne s'en apercevait pas. Et le petit non plus, d'ailleurs. Personne ne s'occupait de lui. Il ne retenait l'attention de personne. *Jeanne doesn't 'tot' he joins conversation*

« Si nous achetions une bouteille de mousseux pour fêter la bonne nouvelle? » dit Jeanne.

Christian se dressa d'un bond :

« J'y vais.

— Reste, dit-elle. Tu es fatigué. Ton père ira bien... » *Father doing job for son.*

Dans la rue, il respira longuement, la bouche ouverte, les yeux clos, comme un homme qui cherche à se dégriser. Et, très vite, une honte lui vint de son égoïsme, de sa faiblesse, un désir de rachat puéril et délicieux. Il entra chez le marchand de vin, consulta le catalogue et demanda une bouteille de champagne *first class champagne* de marque au lieu de la bouteille de mousseux qu'il avait mission de rapporter. *V. Likeable, + Pathetic.*

*How Jeanne relates to son
+ how she relates to husband*

*Image of docile housewife
с Antoine*

*Reverish, really lively с
son*

10

Jeanne invited friends for tea. cos' Despagnat + Monica

looking his night jeu best

ANTOINE se regarda dans la glace. Il était vêtu de neuf, rasé à vif, poudré jusqu'au lobe des oreilles, et le serre-tête qu'il venait de quitter avait laissé une raie rose en travers de son front.

De la pièce voisine, arrivaient les voix mêlées de Mme Bousquet, de Mme Goulevin et de Jeanne. Elle avait invité ses deux amies à prendre une tasse de thé simplement, mais en leur laissant pressentir une surprise : Despagnat, qui avait accompagné Monica et Christian à l'essayage, ramènerait le petit en auto; et, sans doute, monterait-il dire bonjour aux parents de son jeune interprète vers la fin de l'après-midi. Ces dames étaient venues à trois heures.

Antoine écoutait distraitement leur caquetage et demeurait planté devant le miroir. A se voir aussi élégamment nippé, il éprouvait une satisfaction désenchantée qui l'étonnait. (Ce complet récemment commandé, ces préparatifs de cérémonie, cet air de fête alors qu'il n'y avait pas de fête pour lui, quelle dérision!) L'idée lui revenait que c'était grâce au petit qu'ils avaient pu acquitter le loyer, payer les dettes, acheter quelques meubles, s'habiller... Lors de ses visites triomphales chez les fournisseurs, à la joie de

Son tableur ole of galter

voir ces grimaces rogues se délier dans un sourire
amène se mêlait déjà l'amertume de régler les notes
avec un argent dont on n'ignorait pas dans le
quartier la provenance. Certains même le félicitaient,
lui demandaient s'il n'allait pas à son tour « décro-
cher la timbale ». Et il riait. Et il leur répondait :
« Pourquoi pas ? » Mais la honte montait en lui
comme un étouffement.

Il poussa la porte. Assises près de la fenêtre,
Mme Goulevin et Mme Bousquet feuilletaient l'album
d'articles et Jeanne, penchée sur elles, commentait les
textes gravement. Elles levèrent la tête.

« Vous êtes d'une élégance ! » modula Mme Goulevin, les lunettes dardées et les mains jointes sur son
corsage vidé.

Mais Jeanne enchaînait déjà :

« Ça, c'est un article en allemand... Vous en avez
un autre, à droite, en italien... Tournez la page...
Celui-ci vient d'Amérique...

— En toutes les langues alors ?

— En toutes les langues ! Vous pensez bien qu'un
film comme *Jack* a une répercussion mondiale...
mondiale... »

Elle parlait à mi-voix, avec une lenteur et un
détachement sensationnels de grande dame :

« Vous ne connaissez pas quelqu'un qui sache le
hollandais ? Nous avons une longue critique en
hollandais et personne ne peut nous la traduire ?
N'est-ce pas comique ? Veux-tu m'apporter la critique en hollandais, Antoine. Je ne l'ai pas collée.
Elle est dans le tiroir... Regardez, voici des photos de
Christian entre deux prises de vue... Il n'est pas
maquillé là-dessus...

— Pas maquillé? Quel amour! roucoulait Mᵐᵉ Goulevin. Dire qu'il y a quelques mois à peine, je le traitais de galopin parce qu'il ne renvoyait jamais l'ascenseur et qu'à présent je regarde sa photo dans les journaux!

— Moi, confiait Mᵐᵉ Bousquet, chaque fois qu'on me parle de film je m'arrange pour amener la conversation sur Christian. Et, lorsque les gens apprennent que je le connais, ils ne me lâchent plus! Il faut que je leur explique comment il est, où il habite, qui il fréquente... »

Antoine, penché sur la table, feignait de chercher l'article. Mais, en vérité, il observait le groupe des trois femmes à la dérobée. Il détaillait férocement le visage étroit, décollé, glaiseux de Mᵐᵉ Goulevin, la grosse face élargie en poire luisante de Mᵐᵉ Bousquet, leur accoutrement des grands jours, leur voix haut perchée. Il jugeait leur curiosité mesquine, insipides leurs réflexions! Et Jeanne mendiait pourtant l'attention des deux idiotes, renchérissait sur leurs flatteries, reniflait cet encens bon marché, au point d'en perdre le contrôle d'elle-même. Il se souvenait de réunions analogues, au cours desquelles on avait vanté son talent comme on vantait aujourd'hui le talent de Christian. Jamais elle n'avait eu pour le soutenir cette ardeur aveugle qu'elle affichait à présent. Bien sûr, les succès qu'il avait remportés paraissaient bien modestes auprès de ceux que remportait son fils. Tout de même, ces considérations n'expliquaient pas qu'on le négligeât de la sorte. On aurait dit vraiment qu'il n'existait plus, que rien n'existait plus hors le petit; qu'il n'y avait plus d'autre sujet de conversation, plus d'autre sujet de pensée que le petit! L'opinion, l'activité, les projets d'Antoine Vautier n'intéressaient personne! Il pouvait jouer ou ne pas jouer, parler ou ne pas parler, on s'apercevait à peine du changement!

La voix de Mme Goulevin coupa ses réflexions.

« Plutôt que de chercher cet article, monsieur Vautier, vous devriez nous raconter un peu ce que vous devenez! Travaillez-vous toujours? Êtes-vous content? »

Une allégresse rapide le traversa. Il se redressa, repoussa le tiroir et s'apprêtait à répondre déjà, lorsque Jeanne dit vivement :

« Il a été obligé de quitter sa place à la suite d'une histoire odieuse...

— Et maintenant? »

Il se tenait devant elles, embarrassé, fâché. Il dit :

« Maintenant?... Maintenant... eh bien, je cherche... Je n'ai encore rien trouvé, mais je cherche... J'ai plusieurs propositions en vue... Je cherche... J'attends... »

Il y eut un silence gêné que personne ne sut rompre d'un mot. Puis, Jeanne enchaîna soudain :

« Christian reçoit beaucoup de lettres d'admirateurs. Certaines sont bien touchantes. Cela vous amuserait sans doute de les lire. Sur la cheminée, Antoine, dans la grande boîte jaune... »

Il obéit. Il apporta la grande boîte jaune et regarda les trois femmes se passer les feuillets, les parcourir, s'exclamer, s'esclaffer. Il se sentait engourdi et stupide. Il songeait que l'attention, dont il se plaignait qu'on le privât, venait de lui être accordée et qu'il n'avait rien su répondre. Et il n'avait rien su répondre parce qu'en vérité il n'y avait rien à répondre. « Je cherche... j'attends... » Il cherchait, il attendait. Toute sa vie, il avait cherché, attendu ce que son fils avait trouvé dès l'abord.

« Cinq heures! Nous pourrions prendre le thé sans eux », dit Jeanne.

Il dut s'asseoir entre Mme Goulevin et Mme Bousquet, passer les tasses, offrir les petits fours, ramasser les serviettes qui glissaient des genoux, louer le talent de Despagnat, critiquer le talent des autres metteurs en scène, parler, parler...

A six heures et demie, ces dames se levèrent pour prendre congé, et Jeanne s'excusait déjà de n'avoir pu leur présenter l'attraction promise, lorsque trois coups de sonnette retentirent.

« Les voilà! »

Despagnat, Monica, Christian firent leur entrée dans une rumeur de compliments, de protestations, d'explications, de plaisanteries et de rires.

« Nous hésitions à monter parce que nous craignions de vous déranger : c'est Christian qui nous a entraînés, dit Despagnat.

— Et il a bien fait! Voulez-vous passer?

— Mais comme c'est charmant chez vous! glousait Monica. PRETENTIOUS

— Oh! mademoiselle, vous vous moquez! protestait Jeanne. C'est tout à fait simple!... Vous ne retirez pas votre manteau?

ridiculous word →
— Non, je vous remercie : nous sommes vertigineusement pressés. Nous vous faisons une visite-éclair! Je ne devrais même pas m'asseoir, mais ce fauteuil a l'air tellement confortable! Non, pas de thé, pas de petits fours! Pour l'amour du Ciel, n'insistez pas... »

Jeanne taken in by pretentions
Darling this, Darling that.

Mᵐᵉ Goulevin et Mᵐᵉ Bousquet, rangées près de la porte, contemplaient avec un ravissement scandalisé cette femme au visage éclairé de fards, aux yeux de fraîche ombre verte, et toute nimbée de fourrures mousseuses et toute isolée de parfums.

« Mᵐᵉ Goulevin et Mᵐᵉ Bousquet vous ont tellement admirée dans votre film, dit Jeanne, que j'ai dû leur promettre...

— Vraiment? Mais que c'est donc aimable à vous, mesdames, et comme je suis touchée!...

— Alors, ces costumes? demanda Vautier.

— Ra-a-vissant, vocalisa la jeune femme. L'uniforme de parade de Christian est une perfection!...

— Ouais! La tunique est tellement serrée à la ceinture qu'elle me fait un derrière en pupitre!...

— Ne l'écoutez pas, ne l'écoutez pas! reprit-elle. Il est de mauvaise humeur parce qu'il est fatigué! Moi aussi, d'ailleurs, je suis fatiguée... Tenez... vous allez rire : je voudrais fuir loin des gens, loin du bruit, m'enfermer dans une petite chambre nue aux murs passés à la chaux, et rester là, des journées entières, à réfléchir, à rêver, me nourrissant d'un œuf à la coque et d'un fruit!

— Les murs passés à la chaux seraient vite recouverts de numéros de téléphone, d'adresses et de dates de rendez-vous! » dit le metteur en scène.

Elle rit, la tête renversée et les paupières battantes :

« Comment voulez-vous prendre de bonnes résolutions avec un être pareil?

— Comment voulez-vous qu'il vous encourage dans « ces bonnes résolutions » lorsqu'il a besoin de vous pour son prochain film? » dit Vautier.

Elle le menaça du doigt :

« Vous! je sens que vous devez toujours avoir le dernier mot dans une discussion. Vous êtes dangereux! »

Et elle rit de nouveau, d'un rire grelottant de gamine. She's fucking annoying gratitude

Il la regarda avec reconnaissance. Il avait un tel besoin d'être écouté, apprécié, qu'un véritable soulagement lui venait d'avoir déclenché ce rire.

Jeanne s'adressait à Despagnat d'une voix exagérément respectueuse :

« Je viens de lire le scénario du *Petit Prince Mirka* : un chef-d'œuvre!

— Oui, l'histoire est amusante, disait l'autre. Par exemple, Christian aura un rôle écrasant! »

Antoine intervint :

« A ce point de vue-là, soyez tranquille : je m'occuperai de lui. Je le ferai répéter. Je lui donnerai des indications... » I'll take care of him. NO! NO?

Mais Despagnat secoua la tête :

Desp. v. Vaut

« Non... non, ce n'est pas la peine... Il vaut mieux le laisser sentir le personnage à sa façon... Vous risquez de lui faire perdre en naturel ce que vous lui ferez gagner en métier... Il sera emprunté, guindé... Il jouera... Je ne sais pas si je me fais bien comprendre?...

— Parfaitement, parfaitement, bredouillait Vautier. Pourtant, je ne lui aurais donné que quelques conseils essentiels...

— Aucun conseil n'est essentiel... Livrez-le à lui-même, c'est le meilleur guide qu'il puisse espérer trouver... »

Les femmes s'étaient tues pour les écouter. Antoine éprouvait une détresse insurmontable. Il

Everybody's listening – Makes it a bigger humiliation

désirait que le metteur en scène se rétractât, on prît congé sans plus prononcer une parole. Mais l'autre insistait d'une voix douce :

« Je vais même vous demander quelque chose : promettez-moi qu'il travaillera seul... J'y tiens beaucoup... Et ce n'est pas une lubie... C'est le résultat de réflexions, d'expériences...

— Comptez sur moi, souffla Antoine, la gorge sèche, le regard mort.

— Comptez sur moi plutôt! cria Jeanne. Tel que je le connais, il viendra tout de même sermonner le petit si je ne le surveille pas! »

Tout le monde rit de cette boutade. Et Antoine rit comme les autres, un peu trop fort, un peu trop longtemps.

11

« VOUS venez d'entendre *L'Usurpateur,* comédie en un acte de Raymond Brienne, avec M. Antoine Vautier dans le rôle de l'usurpateur, et M. Georges Guéretain dans le rôle de l'ami. Cette représentation vous est offerte par les *Pilules Rono.* « Contre les troubles intestinaux, prenez les *Pilules Rono.* » Veuillez écouter à présent notre chronique de la mode féminine par M. Louis Filâtre. »

Le speaker se tut, revint à sa table chargée de paperasses. Un gros homme, aux cheveux rares et roses, aux lèvres bourrelées, s'approcha du micro et commença d'une voix de fillette :

« Mes chères auditrices, un point sur lequel je désire attirer aujourd'hui votre attention... »

Guéretain et Vautier quittèrent la pièce. Mais, dans le vestiaire, un haut-parleur diffusait encore les paroles de l'autre.

« *L'Usurpateur* casé entre les prévisions météorologiques et la chronique de la mode! Ah! on peut dire qu'ils nous ont bien mis en valeur, les vaches! » grogna Vautier. bastards

Ils traversèrent une salle d'attente où un orchestre

de quinze musiciens déballait ses instruments dans une rumeur de cordes pincées, de cuivres heurtés, descendirent l'escalier et gagnèrent la rue.

Dans la nuit froide, seules vivaient les taches jaunes brouillées de rose des réverbères, et, très loin, irradiant des affiches lumineuses, une lueur mauve, immobile et sombre de hauts fourneaux, Quelques passants se hâtaient, le col relevé, les mains dans les poches, et ils semblaient fumer à grosses bouffées dans l'air glacé. Les autos roulaient dans un doux bruit de feutre qu'on déchire.

« Viens prendre quelque chose, dit Guéretain. On gèle... »

Le bistrot était petit, surchauffé, encombré d'un comptoir monumental au zinc dépoli. Ils passèrent dans la salle du fond que le garçon dut éclairer pour eux seuls. Un billard drapé de gris, avec le bout de craie bleue posé sur le bord du meuble. Des queues de billard dressées en panoplie, de part et d'autre d'une fenêtre. Une odeur fumeuse, liquoreuse, qui prenait à la gorge.

« Deux crèmes. »

Guéretain rejeta son chapeau sur la nuque, ouvrit son manteau, son veston, son gilet, car d'être boutonné le gênait, disait-il, pour boire. Puis il avala son café par courtes gorgées, les sourcils levés, les paupières clignées. Enfin, il reposa le verre à demi vide, se chauffa un instant les mains à sa fumée et déclara :

« Hier soir, je suis allé voir *Jack* au Mondial-Palace, avec ma femme et des copains qui ne connaissaient pas encore le film. Eh bien, c'est pas de

la roupie de sansonnet, ce morceau-là! Une classe!
Une grande classe! »

Antoine, qui avait beaucoup admiré le film lors de
sa première projection, s'irritait à présent que
d'autres que lui l'admirassent. Un brusque revirement d'humeur le poussait à juger excessifs les éloges
des étrangers, et il s'efforçait de leur expliquer leur
erreur, de les raisonner, de les gagner à cette lucidité
qu'il croyait avoir définitivement conquise.

« N'exagérons pas, dit-il. La production est bonne
dans l'ensemble, mais elle souffre de lenteurs inexcu-
sables...

— Non, mon petit vieux! protestait Guéretain. Je
te félicite de la modestie avec laquelle tu parles du
film qui a lancé ton fils! C'est très sympathique!
C'est très élégant! Mais, avec moi, tu n'as pas besoin
de faire de frais : avoue que la réussite est tout de
même parfaite. »

Vautier s'impatientait. Se moquait-on de lui? Se
pouvait-il que personne n'eût remarqué les défauts de
la bande? Vingt scènes lui revenaient à l'esprit, plus
absurdes les unes que les autres. Il dit avec une
espèce de fureur goguenarde :

« Allons donc! Souviens-toi du passage où d'Argenton lit ses vers en public : est-ce assez lourd, assez
plat! Et du passage où Jack s'enfuit de la pension
pour retrouver sa mère · une pluie de studio, un jeu
déficient! Et de celui même où Jack assiste à la mort
de Madou : du sentimentalisme pour midinette en
chasse!... »

Il s'arrêta, craignant que Guéretain ne s'étonnât de
son emportement. L'autre secouait la tête :

« Tu es dur, dit-il enfin. Mais cela vaut mieux pour

Christian. Il ne faut pas qu'il se laisse griser par le succès. Une bonne bourrade de temps en temps, vlan, dans les reins! C'est à cette école-là qu'on forme les grands artistes! »

Il avala encore une gorgée et conclut :

« Enfin! tu as bien de la chance, toi! Tu n'as plus à t'en faire, maintenant que Christian est lancé! L'appartement payé! Le bifteck assuré! Et hardi donc! Que pourrais-tu désirer de plus? »

Antoine sentait une colère triste l'envahir. Ainsi personne n'admettait qu'il pût n'être pas comblé par la seule renommée de son fils, qu'il pût espérer autre chose que cette renommée, qu'il pût souhaiter pour lui-même le succès auquel, certes, il avait droit? Tous ceux qui lui parlaient oubliaient l'artiste pour ne s'occuper que du père. Il n'y avait pas deux artistes dans la famille. Il y en avait un : Christian. Un autre avait existé jadis, mais il disparaissait à présent dans le rayonnement du jeune prodige. Et, sans doute, il ne souffrait pas de cet effacement imposé! Il eût été comique qu'il en souffrît! L'idée même qu'il risquât d'en souffrir n'effleurait pas l'esprit! Mais comme tous ces gens étaient maladroits et bêtes! Comme il les détestait de ne rien deviner en lui! Ceux-là même qui avaient été ses meilleurs amis!... Bien sûr qu'il aimait Christian! Bien sûr qu'il se réjouissait de sa réussite! Mais il n'abandonnait pas sa carrière pour suivre docilement la carrière de son fils et l'applaudir et le conseiller. Il ne s'avouait pas vaincu. Vaincu? Comme s'il y avait eu vraiment combat entre eux! Cette idée seule l'épouvantait! A force de multiplier leurs propos absurdes, les gens finiraient par le dresser contre le petit, contre Jeanne, contre tout le monde! Déjà, les réponses fielleuses qu'il avait faites à Guéretain lui paraissaient autant de signes redoutables! Ah! qu'on le laissât tranquille, qu'on ne lui parlât plus de rien, c'était tout ce qu'il demandait!

Mais Guéretain poursuivait avec une cruauté innocente :

« Au fond, tu pourrais aussi bien plaquer le métier! »

C'était le comble. Antoine reçut la secousse en plein cœur. Il gronda :

« Quoi? Quoi, plaquer le métier? Sous prétexte que Christian a du succès je plaquerais le métier? D'abord, crois-tu qu'il gagne tellement, le petit? Une fable! Et même... et même s'il gagnait beaucoup... serait-ce une raison suffisante à mes yeux pour ne plus jouer? Je ne joue pas seulement pour assurer ma croûte, moi! Je joue parce que j'ai besoin de jouer, parce que je ne pourrais plus m'empêcher de jouer, parce que c'est la seule chose qui compte pour moi, tu m'entends? »

Guéretain trempait un morceau de sucre dans son café et le suçait à petits appels de langue mouillés et gloutons :

« La seule chose qui compte! n'exagérons pas, dit-il. Tu m'as répété cent fois que tu te sentais prêt à laisser ton travail pour n'importe quel autre mieux payé! Souviens-toi : « Il n'y a que le public pour croire à la vertu de l'art! » Et encore : « Le grand art n'est pas de bien interpréter un rôle mais de découvrir chaque jour, à heure fixe, de quoi se mettre sous la dent! »

Antoine écoutait avec stupeur. C'était vrai qu'il avait dit cela. C'était vrai qu'il avait pensé cela. Il mesurait en esprit le chemin parcouru depuis ces quelques mois. Il avait fallu que Christian fût engagé par Despagnat, que le film se révélât un triomphe, qu'on lui rebattît les oreilles d'éloges qui ne lui étaient pas destinés, pour qu'il prît conscience enfin de son attachement au théâtre. Mais comment avait-il pu ignorer que le théâtre était sa seule raison de vivre, qu'aucune sensation ne remplacerait jamais pour lui l'ivresse de paraître sur une scène inondée de feux, étranger à lui-même par le maquillage et par les vêtements, et d'imposer ses tourments, ses joies, ses colères à des centaines de personnes attentives? Et il importait peu qu'il n'eût goûté ce trouble que sur des scènes secondaires, devant des assemblées médiocres, dans des rôles qu'il exécrait. Nul métier, nul gain, nul confort, nulle volupté amoureuse ne valait cette volupté-là!

Guéretain, craignant de l'avoir froissé, l'assurait d'une voix prévenante :

« Il ne faut pas te fâcher, mon petit vieux. Je te comprends parfaitement : moi-même, je suis capable de tout laisser tomber pour une place honnêtement rétribuée...

— Imbécile! Tu ne le ferais pas! Tu ne le ferais pour rien au monde! Tu ne t'en rends pas compte encore, parce que l'occasion ne s'est pas présentée, mais tu verras... Ou plutôt tu ne verras rien, car il ne viendra jamais à l'idée de personne de te proposer un autre emploi que celui d'acteur! Des gueules comme la tienne découragent les gens sérieux! »

Il éclata de rire et jeta une pièce sur le marbre du guéridon :

« Viens! il est tard. Jeanne m'a promis d'écouter

L'Usurpateur à la T.S.F., chez les Bousquet. Ça m'intéresse d'avoir son opinion. »

« Non, dit-elle, je ne suis pas allée chez les Bousquet. J'ai attendu Christian qui n'est rentré qu'à dix heures, et ensuite nous avons bavardé tous les deux un bon moment... D'ailleurs, cela vaut mieux ainsi... Ça les dérange, ces gens, que je leur rende visite chaque fois que tu joues à la radio... Il ne faut pas abuser... »

Elle était assise près de la table et feuilletait un catalogue de vêtements pour garçonnets avec des échantillons d'étoffe collés sous les dessins de mode. La lampe descendue éclairait le bas du visage et les mains courtes, posées de part et d'autre de la brochure. Elle dit encore :

« Au reste, je suis sûre que tout a très bien marché... »

Un désenchantement terrible le prenait. Se pouvait-il qu'elle fût restée à la maison, malgré sa promesse, et sans autre excuse que la crainte d'importuner les Bousquet? Et lui qui avait espéré des paroles de douceur, d'intelligence, d'admiration retrouvées! Lui qui n'avait joué que pour elle, dans l'impression très tendre d'être écouté par elle et de lui plaire! Lui qui s'était figuré qu'elle attachait encore quelque importance à son travail! Comme il souffrait de cette exaltation dont la vanité s'affirmait soudain! Il balança un instant entre le parti de se plaindre et celui, plus honorable, de feindre l'indifférence. Il dit, dans un grand effort :

« Tu as bien fait... La pièce était mauvaise... Je n'étais pas en voix... »

Elle corna une page, rangea le catalogue. On entendit grincer le sommier dans la pièce voisine sous le poids de Christian qui se retournait dans son lit.

« Ferme la porte », dit-elle.

Comme il revenait, elle prononça d'un air comblé et solennel :

« J'ai une nouvelle à t'annoncer, Antoine. Une grande nouvelle. Une bonne nouvelle. »

Il faisait sauter dans sa paume des billets d'autobus roulés en boule :

« Parle!

— Pas comme ça... Assieds-toi... Donne-moi tes mains... »

Elle avança son visage au point qu'il voyait de tout près cette peau blanche, molle, où les rides marquaient à peine et ces grands yeux immobiles d'un éclat de pierre mouillée :

« Écoute... Une surprise... »

Il ricana :

« Que de mystère!

— Despagnat tient beaucoup à Christian. Il l'admire. Il ne lui refuse rien. J'ai pensé que si le petit lui demandait de te confier un rôle dans le film il ne pourrait qu'accepter. Pas un premier rôle, bien sûr... Mais pas une silhouette non plus... Quelque chose entre les deux... Eh bien, Christian lui a parlé ce soir, et l'affaire est réglée! Tu joueras le précepteur du petit prince. C'est un emploi de comique, mais... mais qu'as-tu?... »

Il s'était levé, pâle, la bouche ouverte et il haletait un peu.

« Qu'as-tu? » dit-elle encore.

Il proféra d'une voix à peine perceptible :

« Je ne veux pas.

— Pourquoi?

— Tu n'as pas besoin de savoir... Je te dis que je ne veux pas... C'est donc que j'ai mes raisons... »

Elle le pressait, maladroite :

« Tu n'aimes pas le rôle? »

N'avait-elle pas conscience de l'humiliation qu'elle lui infligeait? Il dit au hasard :

« Peut-être...

— Mais tu es ridicule, mon chéri. Si on t'avait offert cet emploi quelques mois plus tôt...

— Quelques mois plus tôt j'aurais marché.

— Qu'y a-t-il donc eu de changé depuis? »

Il fut sur le point de lui dire combien il souffrait de n'obtenir cet engagement que sur la recommandation du gamin et qu'il lui fallût se contenter de jouer un personnage épisodique dans un film où son fils avait la vedette. Mais la certitude d'être incompris le retint. Il murmura :

« Avant, je pouvais accepter n'importe quoi... Maintenant, avec la situation du petit, je me dois d'être plus exigeant... Ce n'est pas très reluisant pour lui d'avoir un père qui joue les utilités... »

Il échafaudait ce pauvre mensonge à courtes phrases hachées, les yeux bas, la face suante et il entendait le sang battre dans ses oreilles à grands coups. Il ne se pouvait pas qu'elle le crût! Il ne se pouvait pas qu'elle admît ce prétexte, qu'elle ignorât la blessure qu'elle lui avait portée et la triste jalousie qui le possédait! Avouer? A la dérobée, il regarda ce visage sérieux. Non, elle ne soupçonnait toujours rien. Il poursuivit :

« C'est pour lui... pour lui seul, tu comprends, que j'hésite... ça peut lui nuire... »

Mots magiques! Inquiète, elle interrogea :

« Tu crois? »

Mais elle se ressaisit aussitôt, secoua la tête :

« Non, Despagnat l'aurait prévenu. Et, pour toi, c'est très intéressant! »

Il eut un sourire las.

« Ne souris pas! dit-elle. Le personnage est mince, bien sûr, mais tu peux te faire remarquer! Tu me disais toujours qu'il n'y avait pas de petit rôle! Tu me citais même l'exemple de Mounet-Sully qui... »

Il entendit un bruit de pieds nus derrière la porte. Le gosse les écoutait peut-être. Cette idée lui fut insupportable. Il s'appuya des deux poings au dossier de la chaise :

« Je ne jouerai pas!

— Mais c'est impossible, Antoine : Christian a demandé, a insisté... »

« Demandé, insisté... » Chaque mot le frappait horriblement.

« Despagnat a promis... Peut-être avait-il quelqu'un d'autre en vue... on ne sait pas... Et puis, tout à coup, tu refuserais?... Mais de quoi aurions-nous l'air?... De mufles... de vrais mufles... Et la carrière du petit... »

La carrière du petit! Argument décisif. On ne pouvait rien répliquer. Il fallait se soumettre, puisque la carrière du petit était en jeu. Une marée furieuse se retirait en lui, le laissait épuisé, écœuré.

« Alors?

— Alors... puisqu'on ne peut pas faire autrement...

— Je ne voudrais pas que tu considères cela comme une obligation... »

Cette coquetterie verbale l'irritait.

« Je t'en prie, grommela-t-il, n'en parlons plus. »

Il essuya son visage à pleines mains, ouvrit le col de sa chemise comme s'il étouffait.

« Tu es fatigué? Veux-tu boire un peu de thé? Je vais te préparer une infusion... »

Elle sortit. La solitude l'inonda, le rafraîchit comme une brise. Guéretain, sa femme : deux assauts qui l'avaient rompu. Mais combien d'autres lui faudrait-il encore soutenir? Un autobus passa, ébranlant les vitres. Le pas de Jeanne dans la cuisine. Elle approchait. Elle entrait. Et, de nouveau, il était sur ses gardes.

Gueretain hassles Ant. by saying that everything is cool cos' food is being peet on the table.

Chris. gets job as little part in film for Antoine but he can't possibly accept. Pride

It wld shame him.

« — ALTESSE, l'adverbe *essentiellement* s'écrit
avec deux « s », deux « l » et un seul « m »...

— Pourquoi prenez-vous cette voix de ventriloque
et ce visage bouleversé, Vautier? cria Despagnat.
Vous corrigez la dictée de votre élève. Vous lui
indiquez très simplement ses fautes...

— Mais je dois être ému, puisque la leçon a lieu
en présence du roi!

— Pas au point d'exhiber ce vibrato caverneux et
ce masque de dragon chinois. Recommencez. »

De nouveau, Antoine s'approcha de la table à
dorures massives, s'inclina respectueusement devant
son fils et prononça :

« — Altesse, l'adverbe *essentiellement*... »

— Et pourquoi cette courbette de larbin? Indiquez
à peine le mouvement. Allons! reprenez à partir de
votre entrée... »

Cela durait depuis une demi-heure, peut-être.
Depuis une demi-heure, ses moindres gestes, ses
moindres intonations suscitaient les critiques implacables de Despagnat. Il détacha son regard du visage
aigu, plâtré à l'ocre de Christian et le dirigea sur le

coin du studio où, mêlée à la foule obscure des
machinistes, des journalistes, des électriciens, Jeanne
suivait les prises de vue. Dire qu'il avait espéré la
surprendre par une interprétation magistrale de son
rôle et que Despagnat lui-même le féliciterait! Quelle
farce! Chaque minute apportait une humiliation
nouvelle. Et elle assistait à sa défaite. Et elle
approuvait peut-être les remarques du metteur en
scène. Et elle regrettait peut-être d'avoir insisté pour
qu'Antoine acceptât cet emploi. Ah! que n'eût-il
donné pour qu'elle ne fût pas venue, pour qu'elle ne
soupçonnât rien! Ce visage qu'il ne voyait pas
derrière la muraille éblouissante des projecteurs et
qui exprimait sans doute le mépris, l'ennui... Mais un
autre visage était livré à ses yeux, et sur celui-là, du
moins, il pouvait lire. Il fixa Christian furieusement.
Le calme fatigué de cette face le révolta : le gamin ne
s'étonnait pas de cet échec. Il trouvait la chose
logique, naturelle. Mais voici que souriait soudain
cette figure de jeune diable. Et cela était plus atroce
que son détachement. Il n'accepterait pas que l'enfant se moquât de lui. Il fallait lui dire... Il lui dirait...
Quelle lassitude!... Il était à bout de nerfs, à bout de
forces. Un goût de fard et de sel lui brouillait la
bouche, ses yeux brûlaient, des tremblements le
parcouraient tout entier comme une fièvre.

« Vous vous donnez trop, Vautier. Jouez plus
légèrement, plus sobrement... »

Et Jeanne et Christian entendaient ces paroles!
Une dernière fois, la honte au cœur, il récita le texte
stupide.

« — Altesse... »

Despagnat s'était approché de l'opérateur et ils

échangèrent quelques mots à mi-voix. Puis, il se tourna vers Antoine :

« Au fait, j'ai réfléchi : il n'est pas indispensable que vous soyez dans la chambre du petit prince lorsque le roi vient lui rendre visite. La scène a l'air de vous embarrasser et je la trouve inutile. Christian travaillera seul devant sa table et Degal... »

Ce fut comme une gifle. Il bredouilla :

« Mais non, la scène ne m'embarrasse pas... je... je la sens bien mieux, maintenant... je peux la jouer...

— Ce n'est pas la peine. »

Il avait supporté qu'on le corrigeât, mais ce refus poli, ce blâme déguisé le bouleversaient. Il perdait la tête :

« Voulez-vous... voulez-vous que j'essaie encore?... Je vois très bien ce que vous désirez... Plus d'aisance...

— Même interprétée à la perfection, votre scène alourdirait le film », dit Despagnat.

Et, déjà, il lui faisait signe de s'éloigner.

Il s'éloigna. Il connut le supplice de traverser le plateau assommé de lumière, bordé de regards et de retourner à l'ombre d'où il était venu. Comme un aveugle, il heurta la table de la script-girl, buta contre le pied d'un projecteur. Mais, à son désespoir, se mêlait un soulagement obscur. C'était fini. Le moment le plus dur était passé. Il ne se pouvait pas qu'une plus douloureuse épreuve lui fût dans l'avenir réservée.

Jeanne. Elle était assise près d'un monceau de planches et il distinguait mal son visage dans la nuit. De quel air, de quels mots accueillerait-elle son retour défait? Il s'approcha. Elle lui tendait un mouchoir :

« Tu es tout trempé, mon chéri. Essuie-toi. Veux-tu t'asseoir sur un coin de ma chaise? N'ouvre pas ton gilet... »

Il soufflait, reniflait, comme une bête rendue. Il tamponnait son visage avec le mouchoir souillé de maquillage et de sueur. Elle dit encore :

« Au fond, Despagnat a raison. La scène était inutile. Et je ne l'ai jamais trouvée drôle! Peut-être aussi as-tu un peu trop chargé le personnage! »

Immédiatement, il se fâcha :

« Pas du tout! Je lui ai donné des dessous que Despagnat ne prévoyait pas! Et cela l'a dérouté! Un piètre bonhomme! Un crétin! Je m'étonne que tu l'admires!... »

Déjà, il regrettait ces injures, mais c'était la première critique qu'il recevait d'elle et ce nouveau signe de reniement l'effrayait. Il voulut se rétracter. Il commença :

« Jeanne... »

Elle posa un doigt sur ses lèvres :

« Écoute, lui dit-elle. Ils reprennent la scène. »

Il vit la porte monumentale s'ouvrir à deux battants et Degal entra, sanglé dans un uniforme rutilant d'opérette. Christian, penché sur le bureau, écrivait, la bouche entrouverte, la main gauche prise dans les cheveux. Il leva la tête. Il parla.

Et, à chaque geste, à chaque réplique du petit, Antoine espérait que Despagnat l'arrêterait d'une observation péremptoire. Mais l'autre se taisait, laissait dire, laissait faire. Tout était bon à présent qu'il ne s'agissait plus de lui! Et pourtant, que de choses il y aurait eu à reprendre dans le jeu de l'enfant! Dans le jeu? Il ne jouait même pas. Il récitait son texte avec une voix étouffée et un visage placide. Il déblayait. Et c'était cela qui convenait à Despagnat! C'était cela qu'il admirait! C'était cela qu'ils admiraient tous! Mais n'importe qui eût été capable d'en faire autant! N'importe quel gamin de la rue! N'importe quel camarade de Christian! Le petit Goulevin, le petit Stève...

Dans son dos, deux hommes vêtus de manteaux en poil de chameau et coiffés de feutres clairs discutaient à voix basse :

« Il a plus d'aisance encore que dans *Jack*... Un artiste... Un artiste né... »

Les imbéciles! Et de lui qu'avaient-ils pensé? Ce que tout le monde pensait, sans doute : « Il joue lourd... Il souligne les effets... La vieille école!... » Ils le faisaient rire, avec leur histoire de vieille école! Comme s'il y avait deux écoles! Comme si chacun ne jouait pas selon son tempérament! Comme si l'interprétation frigide du gamin n'était pas le signe d'une âme pauvre et l'interprétation tourmentée d'Antoine celui de l'ardeur spirituelle qui le dévorait! Il savait ce qu'il valait, peut-être, après vingt ans de théâtre! Il n'y avait pas de commune mesure entre lui qu'on ignorait et ce gamin qu'on portait aux nues! L'attention extasiée de ces étrangers lui était insupportable. Il la jugeait imméritée, gaspillée, volée! Tous ces regards enchantés, toutes ces respirations suspendues : quel renversement des valeurs! Et il ne pouvait pas se plaindre! Il devait même paraître heureux puisque c'était son fils qui recueillait leur hommage!

« C'est bon, dit Despagnat. On va tourner comme ça. »

Il n'avait jamais détesté personne comme il détestait tout le monde aujourd'hui. La sensation qu'il ne saurait plus rester une seconde parmi ces gens sans leur crier son mépris, sa haine. Fuir. Il demanda :

« Vous n'avez plus besoin de moi? Je peux me changer?

— Mais oui, dit Despagnat. Seulement, à deux heures, soyez sur le plateau : on tourne la promenade dans le parc. »

Un nouveau supplice en perspective. Il serra les dents. Il partit.

Il retrouva la petite loge livide qu'il partageait avec deux camarades. Personne. L'habilleuse même était sur le set. Il s'affala sur une chaise, face au miroir. Il voyait devant lui sa grosse figure spongieuse, moite, aux petits yeux larmoyants. Il entendait sa respiration torturée. Et une immense détresse montait en lui qu'il ne cherchait pas à combattre. Il plongea ses mains dans une cuvette pleine d'eau, se mouilla le visage, la nuque. Puis, machinalement, il commença de se déshabiller.

LE soir, après les prises de vue, il prétextait
quelque rendez-vous pour éviter de rentrer avec
Christian et Jeanne. La seule idée de s'asseoir à table
entre sa femme et son fils et de subir leur jubilation
bavarde le glaçait. Comment supporter ce rappel des
moindres événements de la journée, des moindres
éloges adressés au petit, des moindres progrès accom-
plis par le petit, des moindres espoirs qui s'ouvraient
devant le petit, cet épluchage quotidien d'un bonheur
auquel il ne participait pas? Il préférait se réfugier
dès sept heures dans quelque café d'artistes, manger
un sandwich, boire demi sur demi, et regagner la
maison le plus tard possible, fourbu, la tête pesante,
la bouche mauvaise, la gorge éraillée d'avoir trop
parlé. Dans ces cafés, tout le monde le connaissait et
il connaissait tout le monde. Il était écouté. Il était
consulté. Pourtant cette notoriété même lui était
amère puisqu'il ne la devait pas à son propre mérite,
mais à la renommée inexplicable de son fils. Il se
sentait paré d'un prestige qui n'était qu'un reflet,
d'une importance qui ne jouait que par personne
interposée.

Il s'asseyait à une table où le conviait à grands cris
un groupe de vagues copains de tournée. Et on
l'interrogeait sur son travail, sur sa vie. Mais il savait
bien qu'il s'agissait là d'un préliminaire vite expédié.
Et puis, tout à coup, la phrase terrible :

« Et le gosse? »

Il en recevait un choc au ventre, chaque fois.
Cependant il ramenait un sourire sur ses lèvres
tremblantes et prononçait :

« Ça marche... ça marche très bien... Je le fais
répéter à force... je le tiens sous pression... Ce matin,
au studio... »

Les têtes se rapprochaient pour ne pas perdre un
mot de l'anecdote. Et il lui fallait tolérer l'injure de
ces attentions octroyées à un autre que lui. Mais ce
n'était qu'une mauvaise passe à franchir. Une fois
rassasiés de nouvelles fraîches sur le gamin, ils le
laissaient en paix. Les conversations que son arrivée
avait suspendues se renouaient une à une. On se
plaignait de la crise, on se communiquait des tuyaux
crevés d'avance; on débinait les camarades absents;
on remâchait des projets, auxquels personne, depuis
longtemps, ne croyait plus : former une troupe sans
directeur, jouer au prorata... On parlait pour le seul
plaisir d'entendre sa voix parmi les autres voix et de
gagner cette fatigue abrutie hors de quoi il n'y avait
pas de repos. La fumée, la lumière, la bière tiédie
dans les épaisses chopes à facettes. Qu'ils étaient loin,
Jeanne et Christian, pour quelques heures! Comme il
respirait librement! Il retardait son départ jusqu'au
moment où le garçon raflait les soucoupes et
disposait les chaises sur les tables, les quatre pieds en
l'air.

Il rentrait par les rues assagies, flairant la nuit pluvieuse, lorgnant le ruisseau de ciel noir encaissé entre les toits des maisons. Il était un peu ivre. Il était presque heureux. Mais, à mesure qu'il se rapprochait de chez lui, un malaise familier lui revenait au cœur. Cette demeure qu'il regagnait jadis avec un sentiment d'évasion, voici qu'il souffrait de la retrouver à présent.

Dès l'escalier, il pénétrait dans un univers hostile. Et la porte qu'il ouvrait, qu'il refermait sur lui, le condamnait à la réclusion.

Il n'allumait pas l'électricité dans l'entrée. Une odeur de poireau, d'encaustique. Un silence vivant. A tâtons, il se dirigeait vers sa chambre. Là, il tournait le commutateur. Le décor n'avait pas bougé. Le paquet de tabac, les piles de journaux par terre, les photos aux murs, l'inhalateur renversé dans son coin. Mais, des choses à lui, nulle amitié ne fluait.

Jeanne était couchée dans le lit. Il voyait une grasse épaule ronde, blanche, qui dépassait les couvertures, et sa chevelure dénouée. Il entendait ce fin ronflement, coupé d'un hoquet et qui reprenait sur un mode grave. Le petit aussi était couché. On ne l'avait pas attendu. Pourquoi l'aurait-on attendu?

Jeanne relevait la tête. Il voyait son visage somnolent, qui lui semblait lourd et bête soudain. Elle demandait d'une voix défaillante :

« C'est toi? Couche-toi vite si tu veux partir en même temps que Christian demain. Il reste un peu de viande froide... »

Et la tête roulait sur l'oreiller.

Quel abandon! Il étouffait dans cette indifférence des êtres et des choses, comme si l'air se fût retiré de la pièce tout à coup. [V. QUOTABLE [Il avait besoin d'affection chaleureuse, d'admiration exaltée... Une soif dévorante de tout cela qu'il avait perdu.] Fuir ce vide, retrouver ces regards, ces gestes, ces mots qui le baignaient jadis, renaître. Auprès de qui? Dans le minuscule univers raté où tournait sa vie, quelle autre femme trouver? Évidemment il va aller à Reine.

De grosses gouttes de pluie tapaient les vitres, maintenant. Il errait dans sa chambre, les bras ballants, la tête basse, attentif à marcher sur la pointe des pieds pour n'éveiller personne.

Fourteen
Fourteen
Fourteen
Fourteen
Fourteen
Fourteen
Fourteen
Fourteen
Fourteen
Fourteen

Is Reine using him, does she really care for him? **(14)**

Antoine goes to her flight

« ANTOINE! »

Reine Roy le regardait avec une stupeur ravie, les yeux écarquillés, la bouche entrouverte, les mains jointes à hauteur du menton. Elle répéta encore d'une voix suffoquée :

« Antoine! »

Like a little girl.

Et soudain, elle claqua ses paumes l'une contre l'autre, et, renversant la tête, se gargarisa d'un petit rire aigrelet.

« Ce que t'es chic d'être venu, mon chou! Et juste qu'aujourd'hui je suis libre comme un courant d'air! Tu serais passé hier, tu ne m'aurais pas trouvée...

— Je suis passé hier », dit-il.

Elle eut une moue consternée, les lèvres avancées comme pour cacher un noyau, les paupières papillotantes :

« Mon pauvre gros! » soupira-t-elle.

Et, aussitôt :

« Enfin, l'essentiel c'est que tu sois revenu! Entre donc. Tu connais pas ma chambre? C'est vrai tu voulais jamais m'accompagner! Ce que j'ai pu râler contre toi dans ce temps-là! Tu vois, c'est pas grand, c'est pas clair, mais ça fait plus intime! »

Il examinait cette pièce étroite, sombre, meublée
d'un vaste lit de fer, d'une armoire à glace, d'un
fauteuil, d'une table.

« Assieds-toi. T'as dîné? Tu veux du thé? J'ai pas
grand-chose à t'offrir avec. Je n'achète jamais de
bonbons parce que ça m'est contraire. Mais j'ai du
pain, du beurre si ça te goûte. Le réchaud est dans un
placard : c'est commode et coquet. Une, deux! et il
n'y a plus qu'à attendre que mon eau bouille! »

Elle s'assit en face de lui. Un petit visage d'une
pureté fruitée, aux grands yeux jaunes tournés vers
lui.

« Me regarde pas : j'ai la peau mauvaise aujour-
d'hui! »

Il s'étonnait de sa présence dans cette chambre,
comme si toutes ses démarches pour joindre la jeune
femme avaient été inconscientes et qu'il venait de se
réveiller seulement. Et il ne savait s'il était heureux
ou malheureux de la revoir. Sans doute allait-elle lui
parler de son fils, comme les autres, dans l'absurde
intention de flatter son orgueil paternel. Sans doute
lui faudrait-il, comme devant les autres, paraître
touché de ces compliments. Déjà, il reconnaissait
l'habituelle entrée en matière :

« C'est égal, il s'en est passé des choses depuis
qu'on s'est quitté au bistrot de l'Eden-Palace. Moi,
j'ai eu de la veine : J'ai tout de suite signé pour une
Revue aux « Naturistes ». J'annonçais les numéros.
Je portais un truc en voile qui cachait juste ce que je
me comprends, et des cheveux en paille tressée qui
craquaient quand je remuais la tête! Ça a duré deux
mois. Après, j'ai fait de la tournée, des sketches, des
tas de machins... Mais je cause et ce n'est pas

intéressant... C'est toi qui vas m'en raconter des nouvelles!... T'as joué dans quelles boîtes?...

— Je n'ai pas trouvé d'engagement au théâtre. J'ai tâté du doublage, de la figuration...

— Du doublage, de la figuration? Avec ton talent? »

Ce lui fut comme une bouffée de chaleur au visage. Qu'elle avait bien lancé cette phrase! Avec quelle simplicité et quelle conviction! Il y avait si longtemps qu'on ne lui avait parlé de son talent! Il eut peur qu'elle ne se contentât de ces quelques paroles et qu'après avoir ranimé la soif elle ne fût plus en mesure de l'étancher. Il s'empressa de stimuler son éloquence :

« Le talent n'est pas une chose rare... Si tous les acteurs de talent... »

Elle l'interrompit :

« Un talent comme le tien est une chose rare! »

Juste la réplique qu'il fallait! Il tressaillit de joie, ferma les yeux sous la louange. Elle poursuivait :

« Je me souviens, dans *Pitchounette,* t'avais un rôle à la gomme, et autant de goût pour le jouer qu'une catin pour faire ses Pâques! N'empêche que tu les as tous eus, et les doigts dans le nez encore! Quand tu entrais, il n'y en avait que pour toi! Cette voix... rien que ta voix, ça te prenait, ça te... Et le geste alors! C'est bien simple : c'était le marquis qu'avait l'air d'un laquais et toi qu'avais l'air d'un marquis! »

Il se laissait griser par la merveilleuse musique de cette voix acide, par le sens précieux de ces mots qu'elle ne cherchait pas. Ce n'était pas possible; elle allait lui parler de Christian dans la phrase qu'elle commençait. Mais non. Et dans cette autre? Non

plus. Elle ne parlait pas de Christian. Elle ne
parlerait pas de Christian. Il y avait donc quelqu'un
pour qui sa carrière importait plus que celle de son
fils. Il y avait donc quelqu'un qui l'admirait au point
de ne pas juger son fils plus admirable que lui. Il y
avait donc quelqu'un qui l'aimait vraiment! Et il
s'était rongé pendant des semaines, des mois, igno-
rant que le réconfort était si facile et si proche!
D'avoir été sevré de compliments le rendait insatiable
à présent. Il ne se lassait pas d'entendre pérorer sur
son compte. Il craignait seulement que l'autre ne se
lassât. Mais elle paraissait y prendre un plaisir
nerveux. Elle babillait avec fougue, avec indignation,
avec extase. Et son emportement l'embellissait encore : le rose aux joues et cet éclat cuivré dans les
prunelles, et ces lèvres grenat qu'elle léchait d'un
preste coup de langue pour les faire reluire.

Elle se leva :

« Que penses-tu de ma nouvelle couleur de
cheveux? »

Il ne la regarda pas tout de suite. Il avait avisé au
mur de la chambre une photo de lui dédicacée.
Qu'elle eût songé à placarder cette photo et qu'elle
l'eût conservée jusqu'à ce jour, le remuait délicieuse-
ment. Elle s'impatientait :

« Alors? »

Il se tourna vers elle. Les cheveux roux avaient viré
au blond éteint et se groupaient sur les tempes en
petits rouleaux serrés comme des coquilles de beurre.

« Tu m'aimais mieux rousse, peut-être? J'ai changé
parce que le roux de mes yeux tuait le roux de mes
cheveux! Tu comprends? »

Il approuvait :

« Oui... oui, tu as eu raison.

— Tu trouves? Chic alors! »

Elle battit des mains, sauta sur place.

Mais le couvercle de la bouilloire dansait déjà à petits claquements. Elle se précipita vers le placard, coupa le gaz. Et, soudain, elle poussa un cri :

« Zut! je me suis brûlée! »

Il vint vers elle :

« Où?

— Le doigt. Regarde... »

Elle minaudait :

« Ça me fait mal, tu sais... »

Il prit la petite main légère, ardente, l'emprisonna dans ses grandes mains. Les doigts étaient souples, dépliés, avec des ongles rougis et taillés en griffes. La paume était rose, froissée. Il regardait cette paume creuse, ces doigts ouverts avec une fixité ravie. Il ne voulait plus bouger, parler, ni rien entendre. La tiédeur de ce corps proche, ce parfum de peau chaude et de fard, cette haleine sur son visage... Il se pencha. Et, tout à coup, elle renversa la tête sur son épaule et les lèvres peintes s'écartèrent. Il se pencha encore. Il voyait dans un rapprochement de myope la peau de ses joues poudrées d'ocre, les yeux écarquillés sur un regard d'attente et la bouche où brillait la lame fraîche des dents. Lentement, il approcha sa bouche de cette bouche, la caressa du souffle, la respira avec émerveillement, et l'écrasa soudain d'un baiser béant, profond, vertigineux, interminable, dont la violence les fit tituber comme un coup. Elle s'écarta de lui, les lèvres barbouillées et humides, les prunelles chavirées, et elle haletait. Elle passa une main sur son front. Elle murmura :

« Ben! mince! »

Déjà, il l'attirait de nouveau.

« Non, mon chéri, t'énerve pas... C'est pas la peine... Je vais me mettre à l'aise... Une minute... Ouvre le lit... »

Elle retira sa montre-bracelet, son collier de verre, ses chaussures, ses bas. Il la regardait, le sang à la face, les mains pendantes.

« Qu'attends-tu pour en faire autant, mon grand chat? Tu préfères que j'éteigne tout, ou que je laisse la petite lampe du coin? Oui? Non? Tant pis! je laisse la petite lampe... Ça sera meilleur! Viens!... »

Il se souleva sur un coude. La petite lampe emmitouflée de soie jaune éclairait le coin de la table, le tapis, mais la couche demeurait prise dans l'ombre. Une chemise écartelée sur le fauteuil, des bas coulant d'un barreau de chaise jusqu'au sol, des chaussures d'homme jetées au milieu de la pièce. L'air chaud sentait l'amour et le parfum bon marché. Dans le silence, Antoine entendait une respiration brève, inconnue. Il contempla le corps étroit et clair couché contre son corps. Épaules droites et maigres, seins pointus, ventre plat et fuite longue des jambes refermées. Le visage, écrasé de profil sur l'oreiller, était moite de sueur, brouillé de cheveux. Une joie élémentaire possédait Antoine. Toute crainte, toute honte, toute haine s'abolissaient dans ce bonheur complet. Le succès du petit, l'indifférence de Jeanne... fumées! Plus rien n'existait hors cette chambre étroite, surchauffée, odorante, hors cette femme comblée, hors la vie miraculeuse qui commençait aujourd'hui. Reine geignit :

« J'aime pas que tu me regardes comme ça après...
Ou alors, faut que je me remaquille... Et j'ai la
flemme!... Viens tout près... C'est si meilleur d'être
tout près... T'es heureux, mon chou?... Attends un
peu, tu verras comme tu auras du plaisir avec
moi... »

Et, comme il l'embrassait plus étroitement :

« Dommage que je doive partir dans une quin-
zaine... »

Il s'écarta d'elle, interrogea, la voix blanche :

« Quoi?

— La tournée Delbec... J'ai signé la semaine
dernière... Si j'avais su.,. »

Il marmonnait, atterré :

« Ça alors!...

— Crois-tu que c'est la guigne, hein?... Mais je
reviendrai bientôt... Un mois, deux mois, au plus... »

Un mois, deux mois! Se pouvait-il que cette
présence dût lui être ravie alors seulement qu'il
venait d'en apprécier le prix incalculable? Comment
supporterait-il la solitude, l'indifférence, l'ennui de
ces journées, après les quelques heures prodigieuses
qu'il avait vécues? N'eût-il pas mieux valu qu'il
poursuivît son épreuve, plutôt que de goûter ce répit
d'un instant dont le souvenir attiserait sa détresse
prochaine?

« Ce qui serait bath, c'est que tu partes avec nous,
dit-elle soudain.

Tu es folle?

— Pourquoi que tu partirais pas? Ta femme...

— Il ne s'agit pas de ma femme.

— Eh bien? »

Ces paroles l'effrayaient. L'idée de laisser Jeanne

He is very scared that he will go
with Reine + leave Jeanne
134   *GRANDEUR NATURE*

et Christian lui paraissait monstrueuse tout à coup.
Pourquoi? L'habitude, il ne savait quelle pitié, ou
quelle jalousie subites. Malgré qu'il souffrît de devoir
demeurer auprès d'eux, il se doutait bien qu'il ne les
quitterait pas. Elle insistait :

« On est au complet, mais le vieux Delbec est
arrangeant. Surtout si t'es pas trop excessif...

— Non, je ne partirai pas... Je ne veux pas partir...
Laisse-moi... »

Et, déjà, il songeait à fuir cette chambre, cette
femme, pour ne pas céder à l'appel de la peau
brûlante, des lèvres mouillées, meurtries, du regard
noyé qui le sollicitaient.   bruised

*

Comme il s'asseyait sur le bord du lit pour se
déchausser, Jeanne demanda :

« Tu rentres seulement? Je t'ai attendu jusqu'à
onze heures : j'avais à te parler... »

Il évitait de la regarder.

« A quel sujet? » dit-il.

Il espérait que des paroles douces le récompense-
raient d'avoir renoncé à suivre la petite Roy. Mais la
voix de Jeanne hésitait sur les mots :

« Écoute... C'est un peu ennuyeux à dire... Tu ne
te fâcheras pas?... »

Que de détours! Il haussa les épaules :

« Mais non!

— Despagnat nous a parlé ce soir, à Christian et à
moi. Il trouve qu'il serait peut-être maladroit de
caser ton nom dans le générique du film... Oui, tu
comprends, que le père et le fils jouent dans la même

Asking him to deny what he is.
Acting is his life and he can't do
it under his own name.

bande, ça fait un peu pauvre vis-à-vis du public... un peu famille... Si encore tu tenais un grand rôle!... Mais le rôle du précepteur!... Tu disais toi-même que c'était plus une silhouette qu'un personnage... Surtout depuis qu'ils ont tellement coupé dans tes scènes!... Remarque bien que, si cela doit t'ennuyer, Christian ira trouver Despagnat et lui expliquera que tu exiges d'être inscrit dans la distribution... Mais, je me demande si tu y as intérêt!... A moins que... »

Elle posa une main sur son genou :

« Vois-tu, ce qui arrête Despagnat, c'est que Christian et toi vous portiez le même nom... »

Il dit :

« Tu ne vas pas me demander de prendre un pseudonyme, peut-être?...

— Sans en prendre un définitivement, tu pourrais pour ce film... rien que pour ce film... »

Il inclina la tête jusqu'à toucher du menton sa poitrine et serra ses mains l'une contre l'autre à les broyer. Rien de ce qu'il avait souffert auparavant n'était comparable à cette dernière injure. La cruauté de ces paroles était telle qu'il avait l'impression curieuse de vivre dans un rêve et qu'il allait se réveiller en sursaut. Mais, Jeanne poursuivait :

« Pour toi, cela ne présenterait pas une grosse importance, et pour le petit cela vaudrait mieux... »

Un malaise vague lui soulevait le cœur. Il se raidit :

« Je ne prendrai pas de pseudonyme, dit-il. Mais si Despagnat juge préférable de ne pas me citer parmi les interprètes, il n'a qu'à le faire : c'est son droit. »

Elle était furieuse qu'on l'eût chargée de cette mission désagréable. Elle le plaignait. Elle se plaignait. Elle avait hâte d'en avoir fini. Elle dit :

« A ta guise, mon chéri. D'ailleurs, tout cela n'a aucune importance...

— Non, aucune...

— Tu as rencontré des gens? Tu as du travail en vue? Tu n'as pas très bonne mine, tu sais. Et ta gorge? »

Elle parlait vite, avec un détachement forcé, une joie feinte. Et les mots qu'elle disait étaient ceux-là même qui le touchaient jadis; mais, aujourd'hui, ils étaient sa torture. Il bredouillait :

« Oui... non... »

Et un désarroi horrible le gagnait. Quelque chose s'anéantissait en lui, un dernier espoir, une dernière tendresse. Il lui semblait qu'il perdait ses forces par une invisible blessure et qu'il ne saurait plus bientôt ni mentir, ni se taire, en face de celle qui le tourmentait. La sueur naissait à la racine de ses cheveux et coulait sur ses tempes. Son cœur battait à grands coups insensés dans sa poitrine. L'envie de se courber, de se recroqueviller, de tomber d'un bloc.

Soudain, il s'entendit prononcer d'une voix ravagée :

« Moi aussi, j'ai une nouvelle à t'annoncer... »

Elle leva la tête. Il la regarda dans les yeux. Un silence préparatoire. Il acheva d'une traite :

« Je pars en tournée dans deux semaines...

— Tu dis? »

Comme tout devenait aisé! Comme tout devenait agréable! Une détente.

« Oui... Les tournées Delbec... Ce n'est pas sûr encore... Je pense signer demain... »

Une haine joyeuse le poussait. Il s'acharnait :

« Un mois, deux mois... Ce n'est pas long... Je ne

serai pas là pour la présentation du *Petit Prince Mirka?*... Dommage!... Mais j'y tenais un si petit rôle, comme tu dis!... D'ailleurs vous vous passerez très bien de moi!... Hein? Hein?... »

La lumière dansait devant ses yeux. Il craignit de ne pouvoir retenir ses larmes. Il se leva, tourna le commutateur, et, dans l'obscurité revenue, elle l'entendit qui sortait de la chambre, entrait dans la cuisine, ouvrait le robinet de l'évier, rinçait un verre, l'emplissait d'eau. Mais elle n'imaginait pas l'homme au visage terrible qui se penchait sur le verre et buvait à longs traits hoquetants. — MOST PATHETIC

LE vieux Delbec secoua sa petite tête fripée :

« Puisque je vous répète que c'est complet! Je ne peux tout de même pas ajouter des personnages à *La Petite Chocolatière* ou à *Maman Colibri* sous prétexte que vous avez envie de partir en tournée!... »

Le regard d'Antoine file de la fenêtre voilée de vert aux affiches criardes des murs, à la table chargée de paperasses, de bouquins. Une stupeur désolée est en lui qu'il ne sait pas vaincre. Et, pourtant, son bonheur se joue à la minute présente. Il faut se défendre, se raccrocher...

« On a toujours besoin d'une doublure... »

Il rougit de son insistance humiliée. Mais l'autre lance en l'air ses petites mains baguées, aux doigts raidis en fléchettes, et secoue de nouveau son museau grisâtre au-dessus des papiers :

« Quand je dis complet, ça veut dire complet! Et d'ailleurs on ne tombe jamais malade en tournée, c'est bien connu!... »

Antoine rit poliment à cette boutade. Et il enchaîne soudain :

« Remarquez que je suis prêt à me montrer conciliant pour les conditions... »

autre

Delbec croise ses bras d'une volée sur sa poitrine et dresse son menton aigu :

« Conciliant ? Mais je l'espère bien ! D'ailleurs je ne signe jamais au rabais. Les termes des contrats sont étudiés, adaptés... »

Fausse route. Antoine considère avec haine ce petit vieux irréductible qui semble prendre un froid plaisir à miner ses projets. Un acteur de plus ou de moins, qu'est-ce que ça peut lui faire ? Et, pour Antoine, il n'y a pas de vie possible hors de cette tournée. Comment l'autre ne devine-t-il pas sa détresse, et qu'il saurait seul le sauver ? Une horloge sonne. Delbec tortille sa moustache, tousse grassement, juteusement, tire un mouchoir de sa poche, crache dans le mouchoir et le referme en portefeuille sur le crachat. Ce simple geste, et Antoine est à bout de nerfs. Il dit encore :

« J'accepterais n'importe quoi, n'importe quoi... »

Delbec feuillette un cahier dactylographié et coche des passages au crayon bleu.

« Je pourrais ne jouer que dans certaines pièces... »

Delbec referme le cahier, en prend un autre et recommence de cocher.

« Je pourrais même ne pas jouer du tout, partir avec un emploi de...

— ...D'aide-régisseur, par exemple, tranche Delbec, sans s'arrêter de tourner les pages et de gribouiller dans les marges à grands traits rageurs. Mais, mon pauvre ami, vous vous foutez du monde ? Nous réduisons notre personnel au plus juste et vous nous proposez vos services pour le grossir ! Non, revenez plus tard... dans deux ou trois mois... il y aura quelque chose, peut-être...

— Mais c'est tout de suite que je veux partir, supplie Antoine.

— Alors, je regrette. »

La phrase définitive. Quelques mots ont suffi à le rejeter vers cette existence abhorrée dont il a voulu s'évader. Il n'y a rien à répondre. Il faut remercier, prendre congé, quitter le bureau, avec au cœur ce désespoir intolérable et sur les lèvres un sourire crispé de convenance. Mais il ne peut pas se résigner. Il reste là, debout, le regard accroché au reflet vert de la fenêtre sur l'encrier. Il lui semble que, tant qu'il n'a pas passé le seuil de la porte, une chance demeure encore qu'on l'engage. Delbec lève les yeux, répète avec irritation :

« Je regrette. »

Sa main osseuse rampe déjà vers une sonnette posée près de l'encrier, sur la table. Avant même que ne retentisse le timbre, une commotion affreuse secoue Antoine. Il fait un pas. Il chuchote :

« Écoutez... vous avez tort... vous verrez... »

Il ne sait pas ce qu'il va lui dire. Des paroles incohérentes :

« Plus tard... lorsque vous vous rappellerez ma visite... »

Et soudain, il se penche sur Delbec. Il conclut d'un élan :

« Je n'ai pas un grand nom, c'est entendu... mais mon fils... mon fils... le petit Christian Vautier... c'est quelqu'un!... Ça pourrait vous amener du monde d'afficher le père du petit Vautier à la distribution!... Non?... J'imagine très bien les placards : le titre de la pièce... la distribution... et, au-dessous de mon nom... en lettres plus importantes même que mon nom :

« Le père du petit Vautier »... « Antoine Vautier... le père du petit Vautier »... simplement!... Mais en caractères bien gras!... pour que ça frappe!... pour que ça gueule!... »

La honte le tenaille au point qu'il serre les mâchoires, comme sur une véritable douleur. Et, dans sa tête, roule un bruit de flux et de reflux qui le berce.

« Pour que ça gueule!... »

Il regarde Delbec. Le petit vieux s'est arrêté de cocher ses feuillets. Il suce la pointe de son crayon. Et son œil fixe de batracien semble contempler au mur de la pièce l'étonnante affiche qu'Antoine lui décrit d'une voix pressée.

He uses Christian to get him job. — Lowest of the low.

Shows how much he wants to go away cos' he hates using Christian to derive benefit for hself

DEUXIÈME PARTIE

1st part - Steady decline, of
Job, + employment.

He's on the tour

LA tournée. Le rideau se lève sur une salle chaude _Sleezy_
et noire. Une odeur d'humanité suante, d'oranges
pelées, de cigarettes. Car on fume dans certains
théâtres. La fumée prend la gorge et brûle les yeux.
Ne pas tousser. On descend la voix d'un registre. On
expédie le texte à grand renfort de grimaces. La
consigne est de faire rire, le plus tôt possible et par
n'importe quel moyen. Et, soudain, le premier rire. A
l'orchestre, des faces congestionnées et fendues jusqu'aux oreilles comme des groins. Le public est
facile. On en profite. On dépêche les répliques. On
cabriole. L'entracte. Le rideau tombe sur une chiche
rumeur d'applaudissements. On regagne les loges
rances. On bavarde. Par une meurtrière ouverte sur
la rue, on voit la foule qui déambule devant le
théâtre, reluque les affiches, commente. A l'étage des
femmes, une voix fredonne : _C'est papa, c'est pari-
sien._

Antoine gravit l'escalier, frappe à une porte.
« C'est qui?
— C'est moi.
— Entre, mon loup. »

Reine Roy est assise en peignoir jaune devant la glace et se bitume les cils gravement.

« Tu en mets trop, dit Vautier.

— Qu'est-ce que je te disais? intervient Rose Minel qui lui tourne le dos. C'est comme pour les paupières. Le bleu d'argent ça fait femme qui transpire à la rampe Avec ton teint, il te faut du marron... »

Rose Minel a dégrafé sa robe, et, par l'échancrure, on voit des marques rondes et violâtres de ventouses. Elle raccommode un bas avec l'air rêveur et médiéval d'une femme qui ferait de la tapisserie. Elle dit :

« A l'Hôtel du Terminus, il paraît qu'on prépare des escalopes viennoises que c'en est une perdition!

— Moi, j'aime pas les trucs panés, dit la petite Roy : on a l'impression de manger de la viande qu'a des boutons! » *meat & spots (she's no duchess)*

La vieille Mme Vaignes, qui se change dans la loge voisine, les interrompt pour leur demander à travers la cloison des cachets d'aspirine, de calmine ou n'importe quoi pour faire passer les maux de dents. Rose Minel affirme qu'il suffit de se pincer très fort le petit doigt de la main gauche et ensuite l'oreille droite. Controverse. La sonnerie du deux. Antoine dévale dans sa loge. Un raccord au maquillage, et, tapi dans le guignol, il attend son tour de paraître. Il joue le rôle de Pinglet, le chauffeur, dans *La Petite Chocolatière*. Il s'est fait une tête. Le public murmure de joie lorsqu'il entre en scène. Et des rires soulignent chaque « tonnerre de chien! » qu'il lance en courtisant Julie. Comme ces « tonnerre de chien! » sont d'un effet sûr, il en a rajouté quelques-uns au texte, qui déjà n'en comportait que trop.

« On est à Paris à quatre heures... Tonnerre de chien!... On chauffe la 564-48... Tonnerre de chien!... Je vous fais faire une balade... du 120 à l'heure... Tonnerre de chien!... »

Parfois, on le devance. Un spectateur, à son entrée, gueule : « Tonnerre de chien! » comme les gosses qui piaillent pour avertir Guignol de l'arrivée du gendarme ou du juge.

Après le spectacle, la compagnie se réunit au Café du Théâtre. Quelques indigènes attardés les reconnaissent, les dévisagent en chuchotant :

« Mais non, c'est le grand blond qui jouait Félicien. Celui-ci, c'est Mingassol. »

Vigneral qui tient la vedette se plaint de la lenteur des baissers de rideaux, des rappels mal amorcés, de la rampe trop pauvre. Il est exténué. Il se donne trop. Il se donne trop pour ce qu'on lui donne. Le vieux Ramier raconte pour la dixième fois que sa ressemblance avec Harry Baur a gâché sa carrière :

« J'ai eu beau me laisser pousser la barbe, la moustache, me faire maigrir, le mal était fait... On ne voulait plus de moi... Notez que je ne lui en tiens pas rigueur... Il n'y est pour rien... Une simple coïncidence... »

Antoine affirme son mépris pour les rôles comiques et son désir de jouer Hamlet ou Lorenzaccio. Mme Vaignes boit du lait chaud pour ses dents et ballotte chaque gorgée d'une joue à l'autre dans un clapotis discret. Reine Roy étouffe des bâillements élastiques de petit chat. Barbieux, le régisseur, la regarde, cligne de l'œil et assène la plaisanterie traditionnelle :

« Demain, tous sur le quai à huit heures. Et le

premier qui arrive le dernier au rassemblement, j'en
prends un au hasard et je les fous tous dedans! »

Reine Roy lui tire un coin de langue rose, avale
son apéritif et s'essuie la bouche à la pochette
d'Antoine :

« Elle manque de « pétilles » leur eau de Seltz! Tu
viens? »

La chambre d'hôtel, exiguë, sombre, pouilleuse,
avec les inévitables peintures sur galets accrochées
aux murs, les fleurs artificielles prises sous cloche, sur
la cheminée, et le lit obèse et douteux. Sur la table,
des valises ouvertes.

Sitôt la porte refermée, elle lui saute au cou, le
mouille de baisers affamés, ravageurs, rafleurs, qu'il
rend au hasard, se débattant et riant. Puis elle
s'écarte de lui, gémit :

« Ouf! c'est trop bon! » — et se met en devoir de
préparer du thé sur un petit réchaud à alcool.

« Ne te brûle pas comme à Paris, dit Antoine.

— Penses-tu! J'ai plus besoin maintenant! »

Ils boivent le thé au lit et elle n'arrête pas de
bécoter, de rioter, de jacasser à perdre haleine. Elle
admire Antoine au-delà de toute espérance. Les
moindres intonations, les moindres attitudes de son
amant la ravissent. Et elle ne se lasse pas de lui
expliquer ce ravissement. Avec ça, un besoin de le
regarder, de le respirer, de le toucher constamment,
comme pour cueillir à chaque minute une preuve
tangible de son bonheur. Antoine apprécie cette
adoration trépidante. Christian? Jeanne? Il leur a
laissé un itinéraire détaillé de la tournée, mais il n'a
reçu aucune lettre depuis une semaine qu'il est parti.
En vérité, cette négligence ne l'inquiète guère. Il

aimerait tellement les oublier et qu'ils l'oubliassent. Il aimerait tellement ne les revoir jamais. Il aimerait tellement passer toute sa vie auprès de cette petite rieuse, frétillante et simple qui l'enchante.

« Tu ne m'as pas dit ce que tu pensais de ma nouvelle coiffure? La nuque est plus dégagée. Il y a des hommes que ça rend fous de voir une nuque de blonde bien dégagée! Ça te rend fou, dis, mon grand chat?... »

Ils s'endorment tard, rompus, repus.

Le jour suivant, la tournée quitte la ville. Sur le quai désert de la petite gare, le régisseur rassemble son monde à grands cris, distribue les billets. Vigneral porte un canotier en prévision des chaleurs méridionales, et des chaussures tressées. Le vieux Ramier est chargé de musettes dont les bretelles se croisent martialement sur sa poitrine. Le manteau mastic et le cache-poussière de Rose Minel. Le sac à main de voleuse d'enfants de Mme Vaignes. Le tailleur frileux de Reine Roy, avec un œillet froissé et jauni à la boutonnière et son béret basque d'où pend sur la joue un minuscule chiot taillé dans du bois noir. Antoine, sans chapeau et l'imperméable jeté en cape sur les épaules.

Le train arrive. On prend d'assaut les wagons de troisième. On piétine dans les couloirs. Les compartiments puent la charcuterie, les pieds, la vapeur. Des journaux graisseux traînent par terre. On s'installe. Et le somme interrompu reprend, têtes renversées, bouches ouvertes. La poussière de charbon maquille lentement ces faces vieillies de fatigue. Parfois, l'un des dormeurs se dresse, suit du regard la fuite d'un paysage de verdure, de ciel et d'eau et retombe au

dossier des banquettes. Un arrêt. On s'étire. On
achète des paniers de provisions. On mange, les
mains poisseuses, la bouche amère, le cœur chaviré.
Ramier renseigne la jeunesse sur les prix des hôtels à
la prochaine halte et les spécialités culinaires des pays
traversés. Mme Vaignes condescend à jouer une
belote avec Barbieux. Des journaux se déplient, des
bouquins s'ouvrent. Le train repart. Dans quelques
heures, le soir tombera sur cette campagne filante.
On arrivera dans une petite ville noire, endormie. Ce
sera la bousculade, la recherche de l'hôtel pas cher
dont les propriétaires et les prix auront évidemment
changé depuis la dernière tournée, le campement, le
sommeil vanné.

Et, le lendemain, fardés, accoutrés comme les
autres jours, ils joueront la même pièce que les autres
jours, devant un public qui rigolera aux mêmes
répliques, applaudira aux mêmes gestes que les autres
jours et qui les oubliera, comme les autres jours, sitôt
les portes du théâtre franchies.

« UN mot de ta femme.

— Oui. »

Il replia les feuillets et les fourra dans sa poche. Reine Roy ne lui parlait jamais de Christian ni de Jeanne, et il lui savait gré de cette discrétion. Mais, aujourd'hui, il craignait soudain qu'elle n'engageât une conversation à leur sujet. Cette lettre, sa mine fâchée, son silence, tout l'invitait à le questionner. Il dit promptement :

« Attends-moi pour sortir. Je descends acheter des cigarettes et je reviens. »

Les cigarettes achetées, il s'attabla devant un demi et commença de relire la lettre. Quatre pages de pronostics favorables sur la présentation imminente du *Petit Prince Mirka*. Quatre pages d'expectatives joyeuses, d'anticipations triomphales : « Despagnat estime que le succès du film dépassera peut-être celui de *Jack*, et moi, qui ai assisté aux prises de vue, j'en suis certaine. Christian a si bien compris son personnage ! Christian... » Il sauta quelques lignes : « Christian se porte à ravir. Il suit un régime pour conserver son poids. Le matin grape-fruit. Pour le déjeuner un

biffteck, pommes vapeur... » Et, plus loin : « Despagnat conseille à Christian de prendre des leçons
d'équitation en vue d'une troisième bande qu'il pense
tourner cet hiver. Avec l'avance qu'il a reçue sur son
cachet, j'ai acheté à Christian... Hier soir, Christian
et moi... » Des phrases! des phrases! Mais ce rappel
d'une vie qu'il croyait oubliée l'atterrait. Il avait fui
un supplice intolérable, il avait mis l'espace et le
temps entre ses bourreaux et lui, il s'était cru sauvé,
et voici qu'une lettre de Jeanne le touchait au point
qu'il s'isolait pour la reprendre à loisir. Comme un
chien qui se croit libre court droit devant lui, et
soudain la laisse le retient, l'étrangle. Il imaginait
leur vie en son absence. « Christian et moi, moi et
Christian! » Comme ils se passaient bien de lui!
Dans quelle intimité soulagée la mère et le fils
communiaient loin de lui! Dans quelle atmosphère
de vacances, d'adoration, de baisers mignons, de
secrets puérils, de petits soins! Et il avait souhaité
qu'ils fussent affligés de son départ, désemparés,
châtiés vraiment. Mais cela valait mieux ainsi. Cette
absurde jalousie qui le tenaillait n'était que passa-
gère. Un dernier sursaut. Et bientôt il s'habituerait à
l'idée de leur indifférence. Il retrouverait lui-même
cette indifférence qu'hier encore il avait connue. Il
serait heureux.

Il passa une main sur son visage flasque, mal rasé,
tourna la tête. Valence. La place de la République.
Des maisons claires, banales. Un ciel d'un bleu
tendre, pavé de nuages blonds et ronds comme des
galets bien roulés. Le vent léger soulevait, poussait la
poussière blanche. Des gamins se poursuivaient en
piaillant autour de la statue d'Émile Augier cernée de

soleil. A la vitre du bistrot, il vit l'affiche jaune et
rouge de la tournée. « Antoine Vautier — le père du
petit Vautier. » Il haussa les épaules. Il avait payé
cher le droit de vivre en paix.

Comme il se préparait à régler sa consommation,
Reine entra dans le café, l'avisa d'un coup d'œil
sommaire, et déjà elle venait vers lui. La lettre
traînait encore sur la table. Il était fâché qu'elle le
surprît, se cachant pour la lire, comme un collégien.
Il voulut se justifier :

« J'avais très chaud... Je me suis attardé... J'ai pris
un demi... »

Du doigt, elle désignait les feuillets épars :

« Des embêtements ? »

Il eut conscience qu'il fallait à tout prix détourner
la conversation ou lui imposer le silence.

« Non, rien », dit-il.

Elle s'assit en face de lui, commanda un café-crème
qu'elle but à petits coups ; et la cuiller, maintenue
d'un doigt contre le verre, lui rentrait dans la joue.

« Pose ta cuiller », dit-il.

Elle releva le front et demanda :

« C'est quand, la présentation du *Petit Prince* ? »

Il la regardait, déconcerté par ces paroles si
simples et qui pourtant lui étaient une révélation.
Elle s'intéressait donc à ce film, à son fils... Son
attention, qu'il avait cru réservée à lui seul, se
gaspillait hors de lui. Il l'avait imaginée différente des
autres. Et voilà que s'éveillait en elle la curiosité
mesquine qui, chez les autres, l'avait blessé. Mais elle
ajoutait déjà .

« J'aimerais tellement te voir dans le rôle du
précepteur ! Je ne t'ai jamais vu à l'écran... »

Et il ne savait plus si elle était sincère, ou si elle cherchait seulement à le tranquilliser. *Having doubts about Reine's sincerity.*

*

Reine entra dans la chambre en coup de vent. Elle tenait des coupures de journaux à la main :

« J'ai les articles des canards locaux sur *La Petite Chocolatière!* C'est un succès! Barbieux n'en revient pas! Il voudrait prolonger de deux jours! Lis plutôt! Non, je vais te lire, moi... Écoute... Hum!... « Cette pièce qui... » Non, c'est plus loin... « Vigneral... » Non... ah! voilà... « Enfin, Antoine Vautier, le père du jeune prodige de l'écran, nous a donné de Pinglet une interprétation désopilante... » Tu entends, mon minet : « désopilante!... » Un autre : « Mlle Reine Roy, M. Ramier, M. Vautier, le père du petit Christian Vautier, dont nous avons eu l'occasion de louer les qualités exceptionnelles dans notre rubrique cinématographique, complètent harmonieusement une distribution des plus homogènes. » Et ce n'est pas tout! Dans *Le Petit Dauphinois :* « Antoine Vautier, le père du prestigieux interprète de *Jack,* fut un Pinglet ahuri et cocasse à souhait. » Et celui-ci... »

Le père du petit Vautier! Le père du petit Vautier! Tous les critiques mentionnaient cette paternité miraculeuse. Et avec quel respect, et avec quelle insistance! Cela devenait un état civil, un titre honorifique, une distinction nobiliaire! En vérité, le gamin recueillait plus de louanges que lui à l'occasion de la tournée. Lui n'était qu'un prétexte, qu'un trait d'union. Et Reine s'émerveillait pourtant des fades éloges qu'on lui décernait en passant. Elle applaudissait à cette caricature du succès. Elle estimait qu'il devait en être aux anges. Quelle dérision! Il savait, lui, ce qu'était un succès véritable. Il avait lu les articles délirants dont toute la presse avait salué les débuts de son fils. Il ne pouvait plus se contenter de quelques phrases polies signées d'un plumitif de province.

Il sentit la bouche chaude de Reine Roy sur sa joue, sur sa bouche. Elle balbutiait :

« Je suis heureuse pour toi, mon rat...

— Je ne vois vraiment pas pourquoi!

— Comment? Ces articles... »

Une rage soudaine le souleva :

« Quoi? quoi? Ils te satisfont toi, ces articles? Tu trouves que je devrais m'estimer heureux de leurs compliments éculés? Tu ne t'attendais même pas à ce qu'on me citât parmi les interprètes, peut-être? Tu es stupéfaite de ce succès? Car tu parles de succès! Hein? Tu as dit « succès » tout à l'heure! »

Il s'étonnait lui-même de son emportement. Il l'avait saisie au bras et lui soufflait en plein visage, les yeux durs, les sourcils joints :

« Tu as dit « succès »? Mais sais-tu seulement ce que c'est qu'un succès? Attends! Attends un peu la présentation du *Petit Prince*! Alors tu comprendras! Des photos, des interviews, des échos partout! Un branle-bas mondial! Ça oui, ce sera un succès!... »

Il s'était levé et secouait en l'air ses grandes mains ouvertes :

« Ça oui, ce sera un succès! Et pour des succès comme ça on peut féliciter les gens! Mais lorsque tu te prétends transportée parce qu'une feuille de chou régionale accole à mon nom quelques compliments passe-partout, je ne peux pas m'empêcher de trouver ça grotesque, tordant, idiot!... »

Elle le regardait avec une stupéfaction navrée qui dénouait son joli visage. Elle ne l'avait jamais vu dans cet état. Elle ne comprenait pas sa colère et ne savait comment l'apaiser. Elle murmurait :

« Faut pas te fâcher... »

Il arracha sa cravate, son faux col, les jeta sur le lit :

« Mais je ne me fâche pas! Je cherche simplement à te faire comprendre... »

Et, soudain, avec l'affreuse impression de commettre une faute impardonnable, de gâcher quelque chose, de perdre quelqu'un, il proféra :

« Je cherche à te faire comprendre que je suis un pauvre type! Je cherche à te faire comprendre que j'ai raté mon coup, qu'il est absurde que tu admires quoi que ce soit en moi, qu'il est insensé que tu espères encore en moi, qu'il est pitoyable que tu t'intéresses à ces petites victoires de tournée, à ces petites distinctions de coterie, à ces avantages d'un jour!... »

Quel soulagement de se libérer, de s'avilir comme un ennemi! L'allégresse, la haine et une envie de pleurer qui lui grippait la gorge :

« Tout ce que je t'offre c'est de la menue monnaie... du simili... du toc... et tu t'extasies!... »

Elle se frottait le front du revers de la main et la trace brillante d'une larme rayait sa joue. Une pauvre voix éraillée :

« Qu'est-ce que t'as, mon chou, à me dire ça?

— Je veux que tu saches! je veux que tu saches!... »

Il s'écroula sur le lit à ses côtés, et elle lui saisit la tête à deux mains, la serra contre sa poitrine. Il haletait. L'étoffe du tailleur rêche, chaude, parfumée. Une paume légère sur sa nuque, sur ses tempes. Il ne voulait plus bouger. Et, comme l'apaisement refluait en lui, une crainte obscure lui venait des paroles qu'il avait prononcées. Qu'allait-elle penser de lui, maintenant? Sans doute, ne pourrait-elle plus l'aimer, ni l'admirer encore après les révélations qu'il lui avait assénées. Sans doute, se détournerait-elle de lui. Et il connaîtrait à nouveau cet isolement mortel qu'il redoutait. La reconquérir coûte que coûte, se rattraper, se raccrocher, mentir... Il dit :

He'll do anything to get her back.

« J'ai poussé les choses au noir, tout à l'heure... Je ne voudrais pas que tu prennes à la lettre tout ce que je t'ai raconté... Il faut faire la part de mon agacement... »

A quelle lamentable manœuvre il se livrait! Le visage caché au creux de cette épaule, il poursuivait d'une voix honteuse :

« Bien sûr, je n'ai pas connu de succès comparables à ceux du petit... Mais je n'ai pas dit mon dernier mot... J'ai bon espoir... J'ai très bon espoir... »

Deux bras le pressaient étroitement comme un enfant malheureux.

« Je voudrais que tu oublies, dit-il encore.

— Mais c'est tout oublié... »

Quel calme! Quelle douceur! Comme il l'aimait d'être si calme et si douce! Il leva les yeux. Elle souriait avec incompréhension et tendresse.

« Dans les autres patelins t'étais heureux, dit-elle.

quand je te lisais une bonne critique sur toi. Alors pourquoi qu'ici... »

Pourquoi? Il ne savait trop lui-même. La lettre de Jeanne, sans doute. Elle lui avait rendu le sens des valeurs. Elle lui avait découvert la pauvreté de ses joies, l'inutilité de ses efforts. Elle avait ramené en lui cette anxiété, cette envie, cette colère, qu'il croyait abolies.

« La lettre d'avant-hier, je parie », dit Reine.

Il ne répondit rien. Elle glissa une main dans sa poche, chipa les pages froissées, sans qu'il se défendît, et les déchira gravement.

« Comme ça, tout est fini », dit-elle encore.

Puis, elle se leva, tira les rideaux et les fixa l'un à l'autre avec l'épingle de nourrice qu'elle portait toujours dans son sac.

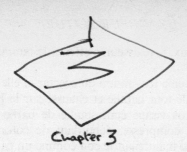

Chapter 3

Worried that Christian will steal Reine away like he did Jeanne.

ANTOINE comptait avec effroi les jours qui le séparaient encore de la présentation. Qu'adviendrait-il de lui lorsque la jeune femme pourrait comparer ses misérables succès régionaux avec le succès mondial du petit! A mesure que grandirait aux yeux de Reine l'image louée de son fils, il coulerait dans l'ombre plus avant. Pris de panique, il essayait de la préparer à l'événement. Il lui parlait distraitement des gloires soufflées, des méfaits de la publicité, des dangers d'une renommée trop rapidement conquise. Il se méprisait de recourir à ces moyens. Il haïssait Reine de le contraindre à le faire. Des querelles éclataient parfois dont l'injustice et la violence l'épouvantaient. Il examinait la jeune femme avec angoisse, il l'interrogeait avec rage et il ne savait pourtant quelle attitude, quelles paroles souhaiter d'elle qui l'apaiseraient. Car derrière ses silences, derrière ses phrases, derrière ses gestes, c'était un apitoiement lassé qu'il croyait toujours découvrir.

A Livron, Antoine, qui souffrait d'une extinction de voix, dut renoncer à jouer pendant deux soirs de

Extremely insecure and paranoid

suite. Barbieux, le régisseur, s'offrit à le remplacer au pied levé.

Lorsque Reine Roy rentra du spectacle, elle trouva Antoine affalé tout habillé et chaussé sur le lit. Il se leva. Son gros visage était souillé de barbe et une volumineuse compresse, débordant de coton et de toile cirée, lui maintenait le cou comme un carcan. Il portait sur la tête un béret basque crasseux. Des bouchons d'ouate pointaient hors de ses oreilles. Il chuchota d'une voix atone :

« Alors?

— Ça s'est très bien passé.

— Quoi? Qu'est-ce que ça veut dire : « ça s'est très bien passé »? Il a pris au souffleur?

— Bien sûr.

— Le public s'en est aperçu?

— Non.

— On a applaudi?

— Oui. »

Il poussa un soupir, glissa un doigt sous le bandage qui l'étouffait :

« Beaucoup?

— Moyennement... »

Sa main happa un journal plié sur la table et il s'en tapota la cuisse nerveusement. Son regard volait de la fenêtre à la porte et de la porte à la fenêtre sans se poser. Il respirait mal.

« Qu'appelles-tu « moyennement »»? dit-il encore. Plus ou moins que... »

La niaiserie de sa question le frappa soudain. Il n'acheva pas la phrase. Il marmonna :

« Et il s'est fait mon maquillage, bien sûr?

— A peu près... Sauf qu'il a laissé ses moustaches...

— Le nez rouge?

— Le nez rouge, oui...

— Les cils au blanc gras?

— Je crois...

— Et comment interprète-t-il le rôle? Il charge?

— Un peu...

— Plus que moi?

— Je ne sais pas...

— Comment tu ne sais pas? Tâche de te souvenir!...

— Moins, peut-être... »

Il jeta le journal dans la corbeille à papiers. Il fit deux pas, pivota sur ses talons et elle lui vit cette figure ricanante aux petits yeux de bête qui l'effrayait. He terrifies Reine with his paranoia

« Et, bien sûr, les spectateurs ont préféré cette retenue à mon jeu de farce!

— Mais non... »

Il eut un gargouillis de gorge, sourd, douloureux, qui lui précipita le sang aux pommettes :

« Allons donc! tu viens de m'avouer que le public l'a applaudi plus qu'il ne m'avait applaudi, moi!

— J'ai jamais dit ça... He wants an argument

— Non? Je rêve alors? Ou je suis un menteur? D'ailleurs, toi-même tu estimes que l'interprétation de Barbieux est supérieure à la mienne! Ne proteste pas, on le sent trop bien! C'est ton droit, remarque! Mais je te préviens : je me fous des critiques qu'on m'adresse à ce sujet, parce que j'estime que le personnage de Pinglet est un personnage de vaudeville et doit être joué en charge! Et je le jouerai

en charge! Et, demain même, je reprendrai le boulot
pour jouer Pinglet en charge! Même si cela doit
déplaire au public! Même si cela doit te déplaire!... »

Une toux sèche le plia en deux, cramoisi, lar-
moyant. Il se laissa tomber sur une chaise. La quinte
passée, il regarda le coin de la pièce où Reine se
tenait, stupide, décoiffée, le chapeau à la main. Une
phrase d'elle eût suffi, lui semblait-il, à l'apaiser.
Qu'elle lui dît seulement : « Barbieux s'est montré
au-dessous de tout! » Ne comprenait-elle pas qu'il
attendait cette phrase? Ou ne voulait-elle pas la
prononcer?

Elle s'avança. Elle lui posa une main sur l'épaule :

« Tu t'énerves... T'as l'air de croire que Barbieux
a été mirobolant... Et, au fond, tu sais bien que vous
deux, ça ne se compare pas... »

Mais il songea tout à coup que la pitié seule dictait
ces bonnes paroles. Elle ménageait un malade,
flattait une manie.

« Te donnes pas la peine... j'ai compris... »

Elle regarda autour d'elle, comme pour chercher
un visage ami. Puis, son regard revint sur Antoine.
Elle ouvrit la bouche pour répondre, se ravisa,
balança la tête avec un sourire désenchanté, et
prononça enfin d'une voix mate :

« T'es éreinté, mon coco. Je vais te changer ta
compresse et te préparer un gargarisme. M'attends
pas pour te mettre au lit. »

Il ne disait rien. « Voilà, pensait-il, je l'ai perdue
comme j'ai perdu Jeanne, et, comme Jeanne, je ne la
retrouverai jamais. »

Deux jours plus tard, il reprenait son travail et le chaleureux accueil des camarades lui rendait un peu de sa joie. On passait le voir dans sa loge, on l'interrogeait sur le traitement qu'il avait suivi, on commentait le timbre de sa voix, on lui reprochait même de n'avoir pas attendu sa guérison complète pour revenir jouer.

« Je t'aurais bien remplacé un soir ou deux encore, disait Barbieux. Bien sûr, ce n'était pas très fameux et le public y perdait, seulement...

— Allons donc! s'exclamait Vautier. Reine m'a dit que tu as été étonnant! Et cela m'a fait bien plaisir. Je n'aurais pas aimé qu'on bouzillât mon rôle! »

A la sortie du thèâtre, Reine Roy noua le foulard d'Antoine, releva le col de son manteau et lui tendit une pochette imbibée d'essence d'eucalyptus pour protéger sa bouche et ses narines, pendant le court trajet de la salle à l'hôtel.

Il marchait à grands pas, le front penché, le mouchoir sur la face, comme un homme pris de saignement de nez ou de vomissements. Lorsqu'ils eurent dépassé le groupe d'acteurs qui se rendaient au bistrot, elle s'écria :

« C'est égal! C'que t'as bien joué, mon coco! »

Une brusque allégresse le posséda. Il chuchota d'une voix étouffée à travers le tampon d'étoffe :

« Tu trouves? Je n'ai pas un peu trop poussé la scène avec Julie?

— Penses-tu! T'as entendu comment que ça se

gondolait dans le public? J'en avais chaud sous les bras pour toi! C'est beaucoup mieux maintenant que tu roules les « r » dans « tonnerre de chien »!...

— Ah! oui! « Tonnerre de chien! Tonnerre « de chien! »... Ça te plaît? C'est un truc qui m'est venu hier. Et d'ailleurs je voudrais prendre un petit accent méridional pour interpréter le rôle de Pinglet...

— Très bon, ça!... »

Il était heureux de cette ferveur reconquise. Il en jouissait en connaisseur, les paupières mi-closes, le cœur rapide, comme si on lui eût caressé le visage d'un bouquet odorant. Et, peu à peu, ces paroles flatteuses le haussaient à un sentiment de confiance, d'arrogance combative. Il ne craignait rien ni personne, et tout lui devenait une cause d'allégresse. Ces rues vides et sonores, ces maisons mortes de sommeil, ce ciel immense d'un bleu de nuit soyeux et profond où des nuages noirs avançaient, comme des éperons rocheux dans une mer éblouie. Il dénoua son cache-col, enfouit son mouchoir dans sa poche et aspira une longue bouffée d'air. Elle s'inquiéta :

« Ta grippe... »

Mais il l'attira dans une encoignure de porte et elle se laissa embrasser à petites gorgées gourmandes, protestant et ronronnant entre deux baisers.

*

Le lendemain, toute la presse annonça la présentation du *Petit Prince Mirka* pour le soir même à neuf heures. Antoine relut plusieurs fois l'écho de quelques lignes que flanquaient deux photos du film. Cette fois, la chose était certaine. La menace prenait

corps. Le supplice [torture] commençait vraiment. Il imaginait
ces préparatifs de triomphe à la maison. La fièvre
allègre de Jeanne et de Christian, les achats, les
invitations... Il parcourait d'avance les lettres victo-
rieuses qu'il recevrait de sa femme. Il entendait
d'avance les compliments d'un Vigneral, d'un Barbieux. Et il se promettait de ne lire aucun article.
Mais, il savait bien que, dès le jour suivant, il serait à
l'affût des nouvelles. Ah! tout cela recommençait
qu'il avait cru fini! Dans quel cercle enchanté
tournait sa vie! Il hésita un instant à mettre Reine au
courant de l'affaire. Assise près de la fenêtre, elle
enduisait ses ongles d'un vernis rutilant. Le front
penché, les cheveux sur le nez, la bouche entrouverte,
comme une élève appliquée. La chambre fleurait le
parfum, l'acétone. Un silence de recueillement et
d'entente flattait le cœur. Devant cette image de
bonheur intime, Antoine croyait vivre, en vérité, ses
dernières heures de joie. Tout de même, la gorge
nouée, les yeux perdus, il lui tendit le journal. Il
commanda d'une voix basse :

« En haut de la page... à gauche... »

Elle parcourut l'annonce, hocha la tête doucement.

« Ce soir à neuf heures? dit-elle. Je comprends que
tu te fasses des cheveux, mon tout! Mais je suis sûre
que ce sera un gros succès! » [IRONY]

Elle ne savait pas qu'elle appuyait de tout son
poids sur une blessure. Elle riait clair et haut. Elle
agitait ses petites mains pour sécher le vernis écarlate
des ongles.

« Sans doute, ce doit être rageant pour toi de ne
pas pouvoir assister à la présentation! Mais tu liras

des articles, tu recevras des lettres, on te fera des compliments... »

Il voulut lui crier de se taire. Il chuchota :

« Laisse-moi... »

Cependant, elle poursuivait, inconsciente :

« Pense comme tu seras heureux! Et moi aussi je serai heureuse puisque tu seras heureux! Viens m'embrasser... Mieux que ça... Mieux encore... »

Il la repoussa rudement :

« Laisse-moi, je te dis. »

4

IL n'avait pas eu la patience d'entrer dans un café,
ni de s'asseoir sur un banc, ni même de se garer sous
une porte cochère. Il s'était arrêté au bord du trottoir
et les passants le bousculaient sans qu'il y prît garde.
Le vent tourmentait le journal qu'il tenait déployé à
bout de bras et qu'il lisait à présent, la tête avancée,
le regard vif. Et, comme il lisait, une stupéfaction
terrible précipitait les battements de son cœur. Les
lignes dansaient devant ses yeux, le sens du texte
échappait à son entendement, et il était contraint de
reprendre chaque phrase avant d'en admettre vraiment la portée : « Nous estimons trop M. Despagnat
pour lui dissimuler notre façon de penser. Nous
sommes loin de *Jack* avec ce *Petit Prince Mirka*
d'opérette. Bien qu'il ait pris soin de s'entourer des
mêmes vedettes que pour son précédent film,
M. Despagnat n'a pas su retrouver la tendresse, la
simplicité, la profondeur qui faisaient le prix de cette
production. Mais, la grande déception de la soirée,
nous la devons, sans nul doute, à Christian Vautier.
Cet enfant, dont le jeu sobre et pathétique nous avait
bouleversés jadis, nous offre aujourd'hui une inter-

Petit Prince Mirka— A FLOP

prétation tellement concertée, tellement arbitraire,
tellement artificielle du *Petit Prince Mirka,* que nous
ne pouvons que le mettre en garde, pour l'avenir,
contre sa dangereuse facilité. » *Antoine taught Ar. to be artificial)*

« Concertée, arbitraire, artificielle », il répétait ces
mots avec un égarement joyeux. Et, chaque fois, le
frappait davantage la sévérité de l'arrêt qu'ils exprimaient. Un verdict impitoyable. Une condamnation
sans recours. Mais que disaient les autres journaux ?
Peut-être avait-il sous les yeux le seul article défavorable à la bande ? Peut-être certains quotidiens
louaient-ils sans réserve ce que critiquait celui-ci ?
Peut-être avait-il eu tort de se réjouir avant terme ?

Il revint au kiosque, acheta d'autres feuilles, les
ouvrit, parcourut fiévreusement les comptes rendus
de la soirée. Sous une forme plus ou moins franche,
tous signalaient l'indigence de la mise en scène et la
médiocrité du jeu de Christian. Certain chroniqueur
reprochait au gamin d'avoir voulu « trop bien
faire », un autre l'accusait de « cabotinage infan-
tile », un autre encore s'en prenait à Despagnat, qui
n'avait pas su protéger le « duvet de grâce et de
spontanéité du jeune prodige », un autre enfin parlait
de « dégonflage » et se félicitait de n'avoir jamais
admiré « ce ravissant petit monstre publicitaire ». Et
Antoine défaillait d'aise, comme si ces critiques
adressées à son fils eussent été autant d'éloges dédiés
à son propre talent. Il les trouvait toutes justifiées,
toutes mesurées. Il les reprenait une à une, avec
étonnement, avec gravité, avec reconnaissance ;
comme s'il eût voulu les apprendre par cœur ; comme
s'il n'osait croire encore à ce qu'il avait lu. Pourtant,
il ne pouvait plus douter. Bien sûr, il n'avait là que

Revelling in the fact that Christian has failed.

l'opinion de cinq ou six journaux du matin. Bien sûr, il fallait attendre le jugement des feuilles du soir, des hebdomadaires, des revues, du public. Mais, dès à présent, cet accord dans le blâme était assez évident pour qu'on pût être certain de l'échec. Et cet échec signifiait pour lui la revanche, le retour en grâce... Au moment précis où il atteignait le fond de son tourment, le sort trompait son attente et le comblait d'une félicité qu'il n'avait pas espérée.

Mais Christian? Mais Jeanne? Il songea tout à coup qu'à son exaltation répondait chez eux une tristesse honteuse. Il essaya d'imaginer ce pauvre groupe penché sur les journaux et lisant et relisant les articles mêmes qu'il avait lus. Et, déjà, il sentait un apitoiement étrange s'élever et gagner sur sa belle joie. Il se ressaisit. C'était trop bête, vraiment, qu'il s'inquiétât! Certes, il se pouvait que sa femme, que son fils, fussent affectés de la défaite; mais des amis les entouraient dont les compliments auraient tôt fait de les consoler. Peut-être songeaient-ils déjà à la prochaine bande que tournerait le petit! Peut-être étaient-ils heureux! Sans doute, ils l'étaient. Et il pouvait l'être aussi sans leur porter injure.

Il s'accota au mur d'une maison. Il inclina la tête. Et, les yeux clos, le souffle surveillé, il essaya d'envisager les conséquences probables de l'événement. Mais les prévisions se liaient et se déliaient dans son esprit sans qu'il en sût retenir une seule. Il fallait attendre que baissât en lui le feu allègre qui le consumait. Pour l'instant, il ne voulait qu'une chose : voir des gens, leur annoncer la nouvelle, guetter leur stupéfaction, entendre leurs réflexions ébahies, n'être plus seul enfin avec cette pensée qui l'occupait au

point d'abolir toutes les autres. Il avait laissé Reine
dans sa chambre. Il se devait de la prévenir d'abord.
Hâtivement, il enfouit les journaux dans ses poches
et se dirigea vers l'hôtel.

Elle laissa retomber le dernier journal et demeura
un long temps, la face détournée. Il ne la quittait pas
des yeux. Tout à coup elle se leva. Il lui vit un visage
sérieux aux lèvres fermées. Deux bras l'enlacèrent,
une tête roula sur sa poitrine et, d'une voix séchée,
elle murmura :

« Tu peux pas imaginer ce que ça me fait, mon
toutou, de te voir malheureux!... C'est un coup dur
pour toi, mais pense que t'as quelqu'un qui t'aime
bien!... Et puis... et puis on rate un film, on en réussit
un autre!... D'ailleurs, tous les canards n'ont pas dit
leur mot!... Et encore, si tu savais quelles andouilles
que c'est qui les écrivent ces trucs-là!... J'en connais-
sais un qui envoyait sa bonne au cinéma et qui
répétait tout juste ce qu'elle lui disait en rentrant!...
Je suis sûre, moi, que c'est pas du pipi de mérinos,
ton *Petit Prince Mirka*. Et, tu sais, je sens ça... je sens
ça là... J'ai des antennes, comme dit la mère
Vaignes!... Alors, tu vois, c'est pas la peine de te
mettre le sang en boule!... Reste... reste un peu que je
te console... »

Elle lui caressait la nuque, les joues, d'une main
aérienne. Elle le bécotait derrière les oreilles, avec de
petits grognements enfantins. Il n'avait pas prévu
cette commisération verbeuse. Il aurait dû se douter
pourtant qu'elle ne pouvait que le plaindre de
l'insuccès de son fils; mais il avait espéré qu'elle

devinerait sa secrète allégresse. Et elle n'avait rien
deviné. Elle balbutiait, éperdue de tendresse :

« Mon pauvre chou, mon pauvre loup... Ça se
passera... Tu verras qu'avec moi ça se passe toujours... »

Ces discours apitoyés le contraignaient à paraître
triste alors qu'une jubilation forcenée le possédait. Il
crispait sa bouche que cherchait le sourire, éteignait
ses yeux où venait un regard de gaieté, baissait le
front qu'il eût aimé relever en vainqueur, se taisait
enfin malgré que des paroles confiantes lui mon-
tassent aux lèvres. Elle se pendait à son cou, mendiait
d'une voix engluée :

« Tu me fais peur à ne rien dire, coco... Parle-
moi...

— Que veux-tu que je te dise?

— Que t'es pas malheureux.

— Je ne suis pas malheureux.

— Tu le dis et je ne le crois pas... »

Il leva un bras, le laissa retomber. Elle insistait :

« Je peux te croire? Je peux te croire?... »

Il savait à présent qu'elle n'aurait pas ses confidences. Il prononça gravement :

« Écoute : ne me pose plus de questions à ce sujet.
Cela vaudra mieux, pour toi comme pour moi. »

Elle se détacha de lui, recula d'un pas pour
observer son visage, et gémit, avec une admiration
suffoquée :

« Ce que tu dois souffrir, tout de même, pour me
demander ça! »

Lorsqu'il pénétra dans la loge qu'il partageait avec
Ramier et un long gaillard jaune et noueux qui jouait

les laquais et faisait les bruits de coulisses, les deux
hommes ne tournèrent pas la tête. Ramier se trouva
subitement occupé à mélanger deux poudres dans un
nuage blanchâtre d'alchimiste, et le gaillard jaune et
noueux se mit à lustrer du doigt ses petites moustaches noires, ouvertes au-dessus des lèvres comme
des coquilles de moule.

« Bonjour, dit Antoine.

Tiens, c'est toi? dit Ramier. Bonjour... »

Antoine décela une gêne imperceptible dans cette
voix qui feignait le détachement. Assurément, il
savait déjà. Tout le monde savait. Mais on attendait
qu'il parlât le premier. Il avisa sur la chaise un
journal déplié à la page des spectacles. Ramier
surprit le regard, rougit et se pencha plus bas sur ses
boîtes :

« Tu as lu? » demanda Antoine.

Le vieux tourna vers lui une face convulsée
d'amabilité :

« Oui, oui... j'ai lu... »

Et, soudain, lui prenant les deux mains dans ses
paumes poudrées, il dit :

« Ne te laisse pas abattre, Antoine. Il est tard.
Maquille-toi et joue comme si rien ne s'était passé.
C'est tout ce que je te demande. Mais, à l'entracte,
nous reparlerons de l'affaire. »

A l'entracte, toute la troupe, prévenue par
enchantement, se retrouva dans la loge.

« Et moi, je t'affirme que la presse n'est pas si
mauvaise, disait Ramier. Certains ont noté que le
scénario était agréable, d'autres ont apprécié le jeu de
ton fils dans telle ou telle scène...

— D'ailleurs, reprenait Vigneral, le coup est régu-

lier! Il suffisait qu'un critique ait loué quelqu'un
dans un premier film pour qu'il s'en morde aussitôt
les doigts, s'accuse d'indulgence, et se propose d'être
plus sévère pour le second. Ces animaux-là s'inter-
disent d'admirer deux fois de suite par crainte de
paraître naïfs! Il est même surprenant qu'ils n'aient
pas été plus durs envers le gosse! Il doit s'estimer
heureux!... »

Antoine les écoutait avec une irritation croissante.
Quelle insistance ils apportaient à réduire le désastre
aux dimensions d'un simple accident! On eût dit
qu'ils s'étaient donné le mot pour lui gâcher son
plaisir, pour lui saboter sa victoire!

« Un bon article n'a jamais amené personne dans
un cinéma, un mauvais article n'a jamais empêché
personne d'y aller...

— Ce sont les spectateurs qui font le succès d'un
spectacle...

— Des films qui sont mal partis connaissent tout à
coup une vogue prodigieuse...

— Et d'ailleurs le *Petit Prince Mirka* n'est pas si
mal parti... »

Ils se renvoyaient la balle. Vautier enrageait de
cette compassion appliquée. Il dit :

« Vous me prenez pour un imbécile! Je sais lire,
peut-être! « Une interprétation concertée, arbitraire,
artificielle... Un ravissant petit monstre publicitaire...
Un... »

— Ah! Tais-toi! rugit Barbieux; tu joues à te faire
mal. »

Après le spectacle, Antoine refusa d'accompagner
la troupe au bistrot. Il ne voulait voir personne. Il ne

voulait parler de rien. Depuis quelques heures, il ne
savait quelle gêne se mêlait à sa joie. L'idée lui vint
d'écrire à sa femme. Il s'en ouvrit à Reine qui
l'approuva :

« Ça leur fera plaisir, en ce moment. Et, tu vois, je
ne suis pas jalouse que tu y penses... Un petit peu
tout de même... Mais embrasse-moi et ce sera
fini !... »

Elle se coucha. Il s'assit devant la table, sortit le
bloc de papier, commença : « Chère Jeanne » et
s'arrêta aussitôt. De nouveau, lui remontait à l'esprit
l'image de ce pauvre groupe courbé sur les journaux
et lisant et relisant les articles qu'il avait lus. Il voyait
leurs visages unis dans une même expression désolée.
Il entendait leurs paroles lamentables. Et il s'étonnait
que ces deux êtres fussent encore aussi proches de lui.
Plus proches même d'une minute à l'autre, d'un
battement de cœur à l'autre, comme si vertigineusement s'évanouissait entre eux l'espace qui les avait
séparés. Une merveilleuse pitié le prenait à les sentir
ainsi tressaillant à l'injure des moindres critiques, se
révoltant, se décourageant, pleurant, pressés l'un
contre l'autre. Et sa tendresse s'exacerbait de ne
pouvoir les atteindre. Il aurait tellement voulu
pénétrer dans cette chambre où ils ne l'attendaient
pas, se pencher sur eux, les serrer dans ses bras, les
plaindre à lentes phrases berceuses, épier sur leurs
traits l'annonce de l'accalmie, et, dans leurs yeux, le
retour, enfin, d'un regard aimant ! Mais des étrangers
leur rendaient visite et les consolaient. Cette idée, qui
l'avait rassuré d'abord, l'exaspérait à présent. Il
souffrait que d'un autre leur pût venir cet apaisement
qu'il n'était pas en mesure de leur apporter. Mais ne

Hates h.self now for being happy about son's failure. He wants to change his life again.

GRANDEUR NATURE LEAVE REINE 175

s'était-il pas félicité quelques heures plus tôt de leur désarroi, n'avait-il pas applaudi aux attaques de la presse, n'avait-il pas souhaité que tout le monde partageât sa monstrueuse exaltation? Il ne se retrouvait plus dans cet homme orgueilleux, égoïste, qui frémissait de plaisir en parcourant les premières critiques. Il s'indignait des sentiments méprisables qu'il avait nourris. Il abhorrait la vie étrange qu'il menait. Pourquoi demeurait-il dans cette chambre d'hôtel provincial, alors que Jeanne et Christian regrettaient peut-être son absence, imploraient secrètement sa venue? Il se leva. Reine dormait, la tête tournée contre le mur. Comment avait-il pu la suivre? De quel droit? Dans quel sot espoir?

Il s'approcha de la fenêtre ouverte. Du ciel haut lunaire et léger, des basses maisons endormies, venait un silence de fin du monde. Il était tard. Que faisaient sa femme, son fils, pendant qu'il veillait ainsi? Dormaient-ils? Ou bien Jeanne, installée au chevet de l'enfant, essayait-elle de le calmer à mi-voix? Peut-être aussi lui écrivait-elle, assise devant la table encombrée de paperasses, sous la lampe à contrepoids de porcelaine?

Un pas s'avançait, tournait le coin de la rue. Le sommier grinça. Antoine songea qu'il fallait se déshabiller, se coucher, éteindre... Mais, plus tard, lorsqu'une horloge sonna deux heures, il s'aperçut qu'il n'avait pas bougé.

IL était sans nouvelles de Jeanne depuis la présentation. Ses lettres même étaient demeurées sans réponse. Et cette ignorance le poussait à imaginer le pire : un désespoir maladif, une crise nerveuse, ou quelque geste irréparable... Reine essayait bien de le distraire de ses pensées, mais il la rabrouait aussitôt. Elle ne comprenait rien à ce revirement d'humeur. D'autant, qu'à certaines heures il la recherchait, repris de tendresse larmoyante et qu'il la suppliait de ne pas le quitter, de le comprendre, de le plaindre. Il avait à ces moments-là un visage bouffi d'ivrogne, des yeux liquides qui la fixaient sans la voir et une voix de fièvre qui sonnait fort, comme s'il se fût adressé à quelqu'un qui n'eût pas été dans la chambre. Il geignait : — moaning

* « Encore trois semaines! Non, vingt-deux jours...

— Tu ne te plais pas avec moi? »

Il claquait des doigts avec impatience :

« Je ne dis pas ça. Mais j'en ai plein le dos de tourner! Pas toi?

— Oh! moi, tu sais, pourvu que tu sois là... »

Il écrivit à Delbec — en cachette — pour le prier

Sees this tour, which he used to love, as some kind of prison sentence *

de le relever de ses fonctions et de lui expédier un remplaçant. Il acceptait d'assumer les frais du voyage et des répétitions de la doublure. Delbec répondit par un refus catégorique, se retranchant derrière les termes du contrat, invoquant l'importance du nom sur l'affiche et le menaçant d'un dédit ruineux.

Antoine accusa le coup. Son impatience devint une anxiété maladive. Il se sentait gagné par un besoin physique, impérieux comme la soif, comme la faim, de revoir Jeanne et Christian. Il passait des heures à contempler en esprit sa chambre noiraude, encombrée, à poursuivre une expression fugitive sur le visage de sa femme, de son fils, à recomposer la musique de leurs voix dans ses oreilles. Et, lorsqu'il atteignait à l'image souhaitée, dans un sursaut terrible le secouait cette pensée qu'ils étaient loin.

Un mot de Jeanne le rejoignit à Montélimar. En termes embarrassés, elle lui annonçait que Christian souffrait d'une angine, qu'il avait été affecté par la critique, mais qu'il reprenait confiance à présent, car il savait que Despagnat projetait de lui confier le rôle de Bonaparte dans un film sur l'enfance de l'Empereur à Brienne. Ces lignes réticentes ne firent que l'alarmer davantage. Une nouvelle lettre à Delbec reçut la même réponse que la première. Des démarches auprès de Barbieux échouèrent.

La tournée se traînait, sans grand succès, sans four définitif. Et il ne semblait pas que dût finir jamais cette corvée absurde. Des villes. Des casernes. Des manufactures. Des écoles. Des squares, des places de l'Esplanade, des avenues de la Gare, des hôtels du « Terminus » et du « Nouveau Monde », des bistrots, des théâtres, encore des théâtres... Et partout,

la même chaleur stagnante, comme une eau de
marais, ou crevée soudain d'un coup de vent poudreux, bête, qui s'accrochait aux arbres, soulevait la
poussière, claquait les portes, les fenêtres, et s'apai-
sait sans avoir amené la moindre fraîcheur.

L'idée de paraître sur scène, de réciter son texte,
d'entendre rire, applaudir dans le trou noir où les
spectateurs avaient mis bas leur veste, déboutonné
leur col, lui était devenue odieuse. Il détestait la
pièce, le public, les pays traversés, les camarades
dont il subissait la présence. Et Reine Roy n'échappait pas à cette réprobation furieuse. Tout en elle le
choquait : sa façon de chipoter dans son assiette aux
repas, de se maquiller, de se parfumer à outrance, de
dormir en chien de fusil, de voiler la lampe avec un
jupon chaque fois qu'ils rentraient du théâtre, de
l'embrasser, en lui demandant ensuite son opinion
sur le baiser qu'il avait reçu (« t'aimes mieux quand
je t'embrasse comme ça? »), de le supplier de lui
gratter le dos au réveil (« non, plus bas... à droite...
là... là... encore... »), de lui raconter ses rêves avec
une minutie déplaisante... Oui, cette petite femme
frôleuse, flairante, toujours en quête d'attouche-
ments, de balbutiements amoureux lui tapait sur les
nerfs! Il s'étonnait d'avoir pu la supporter pendant si
longtemps. Il se plaignait d'avoir à la supporter
pendant si longtemps encore. Au reste, elle devinait
cette lassitude et cherchait à le retenir en multipliant
les preuves de son admiration. Mais cette admiration
même lui pesait à présent. Il la jugeait indiscrète,
sans discernement et comme de mauvaise qualité. Ce
regard de chienne soumise, cette petite voix aiguë,
accompagnant ses moindres gestes comme un grelot

He is judging her as an object.
BAD QUALITY OBJECT

qu'il eût porté accroché à son cou, cette constante approbation de tout ce qu'il disait, cette attente extasiée de tout ce qu'il dirait... elle passait la mesure! Ah! qu'on le délivrât d'elle au plus tôt, ou qu'elle comprît elle-même et s'en allât! Cependant, elle demeurait collée à lui, et ne voulait rien d'autre que rester le plus longtemps possible près de lui, vivant dans sa chaleur, dans sa lumière, acceptant tout, subissant tout, aveuglée. Et il n'osait lui parler de rupture. Il évitait même les scènes dont il était si prodigue autrefois, par crainte que sa rage délivrée ne l'entraînât à des paroles, à des actes dont, plus tard, il se repentirait.

Il s'exhortait au calme. Il se maîtrisait. Cependant, cette contrainte ne faisait qu'aviver son ressentiment.

*

Ant. gets really unreasonable now

Dans les coulisses mal aérées, toutes les portes étaient ouvertes sur le corridor, soufflant leur haleine nauséeuse de sueur et de fard. On avait expédié la pièce devant une centaine de spectateurs égaillés dans la salle et qui se gavaient de bonbons. A présent, on se démaquillait en hâte, on s'aspergeait le visage d'eau tiède, on s'éventait à coups de torchons. Et ce soir, il faudrait refaire les malles. Et demain, il faudrait quitter Antibes, tassés dans quelque autocar flambé de soleil, dont les vitres ne se baisseraient qu'à demi. Antoine sortit le premier et attendit Reine devant la porte. Elle arriva, crochetant le parquet d'un sec petit pas à la mesure de sa jupe étroite :

« On fait un tour? »

Dans le square, près des rochers de l'Ilette, il

s'affala sur un banc, et elle s'assit à son côté, pétrissant des deux mains sa grasse patte transpirante.

La mer flattait les grands rocs sombres dans une musicale rumeur d'approche mouillée, de ruissellement infini. A gauche de la baie, les lumières de Nice s'étageaient vers Mont-Boron. A droite, la masse violette et veloutée des pins bordait le golfe. Dans le ciel bleu une poussière d'étoiles demeurait prise.

« Ce que c'est beau! On dirait une carte postale », dit Reine.

Cette phrase l'irrita soudain, comme un grincement de scie sur une pierre. Il se leva. Il dit abruptement :

« Rentrons.

— Pourquoi? Je t'ai fâché? »

Le contact de ces doigts sur sa main, le son de cette voix, ce souffle quêteur... Il ne pouvait plus tenir.

« Mais non, dit-il, je suis crevé, c'est tout. »

seeds

Il se coucha sur le canapé pisseux accoté au mur, déboutonna sa chemise jusqu'au ventre, lança ses bras à droite, à gauche, loin de son corps :

« Verse-moi un verre d'eau! » - Ordering her about

Il but, sans même redresser la tête, et l'eau lui coulait en filet sur le menton. Il posa le verre sur le parquet. Il ferma les yeux. La petite voix détestée :

« Au fait! Tu as reçu une réponse de Delbec? »

Il avait envie de dormir. Elle l'embêtait avec ses questions. Il marmonna :

« Mais oui... Il y a longtemps... »

Et, tout à coup :

She knows that he wants to leave
+ has written to Delbec.

« D'où sais-tu? »

Hissé sur les coudes, il la dévisageait farouchement.

« C'est Barbieux qui m'a dit...

— Sans que tu l'interroges, peut-être?

— Je ne lui ai rien demandé. »

Il grommela d'une voix ramassée :

« Tu ne lui as rien demandé! Bien sûr, tu ne lui as rien demandé! Simplement, un beau jour, il t'a sorti : « A propos, sais-tu qu'Antoine a prié Delbec, etc... » C'est venu dans la conversation, comme on dit...

— Oui, balbutia-t-elle.

— Oui, oui », reprit-il sur un ton de conviction comique.

Et, comme il se levait, elle eut peur.

« Oui, oui... »

Il avançait avec une lenteur menaçante et elle reculait vers le lit. Il s'arrêta soudain et cria :

« Je ne te crois pas! Tu mens! Veux-tu que je te dise? Tu t'es méfiée de moi! Tu es allée trouver Barbieux! Tu l'as travaillé derrière mon dos! Tu as essayé de lui tirer les vers du nez! Et Dieu sait de quelles cochonneries tu as payé ses révélations! »

La face rouge, la mâchoire tombée, il la considérait en soufflant rauquement. Elle gémit :

« Ce n'est pas vrai...

— C'est trop vraisemblable pour n'être pas vrai! Dieu sait de quelles cochonneries!... Enfin, tu es renseignée, à présent? Eh bien, oui! j'ai écrit à Delbec pour demander un remplaçant! Eh bien, oui! je n'ai qu'une envie, c'est de foutre le camp!

— Pourquoi ne m'as-tu pas prévenue? »

Il suffoquait, les mains aux tempes :

« Pourquoi? Ça c'est le bouquet! »

Elle répétait, butée, le regard sec, le menton tremblant :

« Pourquoi ne m'as-tu pas prévenue?

— Tu m'aurais compris, sans doute, si je t'avais affirmé qu'après l'échec du petit il m'était indispensable de regagner Paris au plus vite? Tu m'aurais compris si je t'avais expliqué que j'étais impatient de les consoler? que mon devoir m'appelait auprès d'eux pour les consoler? que ma conscience m'interdisait de demeurer une seconde de plus avec toi, alors qu'ils imploraient ma présence? Tu m'aurais compris?

— Je t'aurais compris... »

Il rejeta la tête :

« Ta mauvaise foi rend la discussion impossible! »

Il vira d'un bloc, s'approcha de la fenêtre. Et, soudain, il revint vers la jeune femme, les épaules rondes, le regard haineux sous les sourcils descendus :

« Tu m'aurais compris, dis-tu? Tu m'aurais approuvé? Sans doute! A quoi pensé-je! Tu as une si belle âme! Tu préférerais souffrir que de me pousser à une mauvaise action! »

Il tapa du pied les ferrures du lit :

« Alors, pourquoi m'as-tu forcé à te suivre? Tu savais bien que je n'avais pas le droit? qu'on avait besoin de moi à la maison? Tu as profité de quelques heures d'abattement! Tu as exploité mon désespoir pour tes petites fins personnelles! Tu m'as mis le marché en main! Tu m'as décidé... Et tu n'as pas songé que je me décidais à contrecœur! que c'était un

pis-aller! que je ne t'aimais pas! Car je ne t'aime pas!
Tu as beau chialer! Je ne t'aime pas!... »

Il lui assenait ces injures avec une délectation
mauvaise. Il la sentait défaillir sous les coups rudes
qu'il lui portait. Et il retardait le coup de grâce.

« Je ne t'ai jamais aimée! » — *I NEVER LOVED YOU*

Elle murmura :

« Tais-toi... »

Il hacha la phrase :

« Je-ne-t'ai-ja-mais-aimée! Je t'ai gardée par com-
plaisance, par désœuvrement! Bonne bête! Je ne me
doutais pas que tu m'espionnais, que tu allais
mendier des renseignements sur mon compte auprès
de Barbieux, que tu me couvrais de ridicule aux yeux
des camarades! Maintenant, c'est fini! Je ne veux
plus te voir! »

Elle leva vers lui un visage où le rimmel avait coulé
en encre sombre sur les joues, où le rouge des lèvres
s'était étalé du menton jusqu'au nez :

« C'est pas possible!... C'est pas possible que tu
penses ça!... »

Il gronda :

« Va-t'en!... Prends tes affaires... loue une
chambre autre part... ou va coucher chez Rose...
mais va-t'en!... »

Elle poursuivait :

« Il n'y a pas une semaine, tu me disais... »

Il enfla la voix :

« Va-t'en! »

Et, soudain, il lui saisit les poignets, les secoua, les
tordit, hurlant :

« Tu t'en iras? »

Elle poussa un cri, s'arracha de sa poigne :

Ashamed about the way he has treated Reine.

« Brute! »

Effondrée sur le lit, elle sanglotait à grands hoquets, le nez dans le coude, les épaules soulevées. Il était fatigué et vaguement honteux. Il tournait dans la chambre, les bras croisés, les mains glissées sous les aisselles par l'échancrure de la chemise ouverte.

« Tu ne veux pas? Tu ne veux pas? dit-il enfin. Parfait... Mais je te préviens, tu coucheras seule... moi, je dormirai sur le canapé... »

Aussitôt, il se jugea ridicule, voulut l'accabler d'une nouvelle insulte, hésita, haussa les épaules et se mit à rouler une cigarette. Mais ses doigts tremblaient. Il creva le papier. Il jeta papier, tabac, par la fenêtre. Que faire? Reine pleurait toujours, la face aplatie dans le traversin. Il reboutonna sa chemise, ouvrit la porte, descendit l'escalier en trombe, et fut dans la rue, où il commença de marcher sans but.

Finds h. self ridiculous

Tour is now over, He's going back to Paris + has finished = Reine Rey.

LE train venait de passer Nevers et filait sur Paris à bonne allure tapageuse. Le front aux vitres, Antoine cherchait à lire les inscriptions kilométriques. Mais elles lui fouettaient les yeux, fauchées de vitesse, sans qu'il en pût discerner les chiffres : deux cent cinquante ou deux cent soixante? La campagne coulait à pleins bords derrière les carreaux. Des plaines vertes, tournantes, des arbres rapides, des pièces d'eau oxydées de reflets, une femme surgie pour le seul geste d'agiter son bras ou de porter sa main en visière à son front, des routes soudaines, des maisons d'un instant, et, par-dessus cela, le bon grand ciel interminable, encombré de nuages en éponge, d'où giclait un éventail de rayons. Et, tout à coup, la vapeur rabattue dérobait le paysage. Le martèlement des roues, tantôt sourd, espacé, tantôt vif et sonore, endormait l'esprit. Antoine détourna la tête. Ramier lisait un indicateur. Mᵐᵉ Vaignes tricotait. Rose Minel nettoyait ses ongles avec une allumette. Quant à Reine, elle somnolait, le nez en l'air, la bouche ronde. Il la contempla sans animosité. Les derniers jours de la tournée avaient amené

He is indifferent towards her now.

entre eux une détente dont elle s'était imprudemment
félicitée. A présent qu'il allait retrouver les siens, il ne
lui tenait plus rigueur de l'avoir décidé à la suivre. Il
jugeait ses récentes colères aussi incompréhensibles
que son lointain attachement. Il s'étonnait que cette
petite femme nulle fût parvenue à susciter en lui le
moindre sentiment excessif. Chaque tour de roue
l'éloignait d'elle. Maintenant, déjà, elle ne comptait
plus. Elle était une camarade, comme les autres. Elle
avait droit, comme les autres, à des paroles affables,
à de menus services, à une indifférence commode. Sa
vie, à lui, n'était plus là. Mais elle le guettait au-delà
de ces herbages, de ces forêts, de ces chemins
nombreux...

Soudain, il reçut la gifle noire d'un tunnel. Le bruit
des roues battait le tympan. Une petite lampe
s'alluma au plafond. Puis, le grand jour, comme un
seau d'eau fraîche, inonda le compartiment. Deux
coups de sifflet aigus, délivrés, trouèrent le vacarme
de métal. Barbieux passait en se dandinant dans le
couloir :

« Il drope. On sera à Paris pour onze heures... »

Reine ouvrit les paupières.

« Pour onze heures? » répéta-t-elle avec une sérénité parfaite.

Les autres ne levèrent même pas les yeux. Personne
n'espérait comme lui cette arrivée. Parmi ces
hommes, ces femmes qui l'entouraient, lui seul
connaissait la terrible joie de l'attente.

« Qu'y a-t-il à manger? » dit Reine.

Il avait acheté à Nevers une provision de grêles
sandwiches, ensachés dans des enveloppes transpa-
rentes. Il lui tendit un sandwich. Elle le remercia du

* - Ironically he is becoming another man.
has done a full circle - going back to his old life

regard et avança les lèvres dans une moue de baiser
enfantin. Elle était heureuse. Il était si gentil avec
elle. Il ne lui cherchait plus querelle. Il ne l'observait
plus avec cette ardeur méchante. Un autre homme,
vraiment. Elle avala la dernière bouchée, et, à légères
succions, délogea les miettes qui étaient demeurées
prises entre ses dents. Il regardait ces grimaces
gamines, il écoutait ce sifflement de salive aspirée et
il s'émerveillait du calme nouveau qui était en lui.
Elle but encore de la bière dans un gobelet de carton.
Puis elle se rendormit.

Le soir tombait. La vitre noire reflétait les visages
grisâtres et la pastille pâle de la lampe. Et, derrière
cette image immuable, des ombres forestières se
débattaient, couraient. Des lumières bombardaient la
nuit : une petite gare, un signal, le feu d'une maison
perdue. Il jouissait bizarrement de cette course
nocturne, de ce tintamarre, de cette odeur de fumée
de charbon et de mangeaille, du spectacle même de
ces faces abandonnées au sommeil et que le moindre
cahot ballottait.

Le train ralentit dans un halètement crachotant.
Les roues patinèrent. Un arrêt en rase campagne. Le
silence agreste dépaysait soudain. Un aboi de chien.
Un cri de nocturne. Et Antoine s'irritait de ce retard
absurde. Une minute, deux minutes coulèrent. Puis le
convoi s'ébranla.

Mais Antoine ne tenait plus en place. Il se leva,
franchit le barrage des jambes étendues et passa dans
le couloir que balayait un courant d'air furibond.
Des fantômes de poteaux télégraphiques tombaient
contre la vitre à intervalles réguliers, comme les
rayons d'une roue.

Il sauta le premier sur le quai. Puis, il aida Reine à descendre. Des porteurs les bousculèrent.

« On va prendre un bock avant de se quitter? » proposait Ramier.

Vigneral, qui avait voyagé en seconde, se rapprochait du groupe :

« Je paie la tournée. »

Antoine s'excusa : son gosse était malade; on l'attendait; un autre jour... *Feels he will be needed*

De nouveau les carnets sortis, feuilletés, les adresses notées :

« Tu me mettras un mot. »

Reine lui prit le bras, l'entraîna à l'écart. Elle pleurnichait à petite eau en secouant modérément les épaules. Elle marmonna :

« Et moi, quand est-ce que je te revois? »

Une locomotive entrant en gare les assourdit. Il lui caressait la main, par habitude :

« Eh bien, quand tu veux... Les premiers temps je serai très occupé, sans doute... Le petit... ma femme... Mais après... Je t'écrirai... Ou je te téléphonerai à l'hôtel... Quel est ton numéro? »

Elle lui dicta son numéro. Et il l'inscrivit sur son carnet, parmi les adresses, les numéros des autres.

He takes her number but puts it amongst all the others

IL leva les yeux vers le cinquième étage. Mais nulle lumière ne veillait derrière les volets clos. Ils étaient dans la chambre de Christian, ou dans la cuisine peut-être. Il entra sous le porche, cria son nom au vitrage éteint du concierge, avisa l'inévitable pancarte d'arrêt momentané suspendue à la grille de l'ascenseur et se rua, tête basse, dans l'escalier. Il reconnaissait, avec une gaieté de permissionnaire, les marches tendues de linoléum chocolat jusqu'au troisième et qui étaient nues au-dessus, les cartes de visite fichées derrière la rondelle des sonnettes, les meurtrières de la muraille. Il arriva devant sa porte, hors d'haleine, le cœur désordonné. Il avait tellement rêvé ce retour, l'accueil chaleureux, les récits, les questions, les projets, qu'il défaillait d'une allégresse hâtive. Il introduisit sa clef dans la serrure, la tourna d'un coup sec, poussa le battant. Et chaque geste était une récompense.

Mais l'entrée était obscure, et la porte de sa chambre et celle de la cuisine ouvraient sur un carré d'ombre. Il fit un pas. Il ne pouvait plus se contenir. Il alluma. Il cria :

[annotation manuscrite : very excited about coming back]

[annotation manuscrite : No one there to welcome him.]

[annotation manuscrite : Jeanne est bien sûr avec Chr.]

« Jeanne! Jeanne!... »

La porte de l'autre chambre s'entrebâilla doucement. Jeanne parut sur le seuil. Elle souffla :

« Ne fais pas de bruit... Le petit a pris sa potion...
Il vient de s'endormir... »

Elle s'avança, marchant sur la pointe des pieds. Il
regardait ce vieux peignoir rose serré autour du
corps, ce visage gras et blanc, ces yeux graves, ces
lèvres chuchoteuses. Ces yeux graves surtout. Elle
semblait préoccupée, à peine heureuse, à peine
surprise de le voir. Elle disait :

« Pose ta valise dans l'entrée. Non, contre le mur.
C'est ça : on rangera demain... »   *NO WELCOME*

Rien d'autre. Comme s'il fût revenu du spectacle,
comme si son absence eût duré quelques heures au
plus. Il se répétait pourtant : « Voici la minute que
j'attendais, voici le bonheur que je sollicitais... » Et il
s'efforçait de garder, de protéger comme une flamme
contre le vent, sa joie radieuse qui tremblait déjà. Il
pressait Jeanne dans ses grands bras mous et lourds,
lui baisait le front, les cheveux en murmurant :

« Je suis heureux », — comme pour se convaincre
lui-même.

Et elle répondait doucement :

« Mais moi aussi, Antoine... moi aussi je suis
heureuse... *GLIMMER OF HOPE THAT SHE*

— Maman! »   *WILL PLAY HER GAME BUT*

La voix de Christian. Elle se détacha de lui.

« Nous l'avons réveillé », dit-elle.

Elle paraissait fâchée. Elle demeurait debout, les
bras pendants, indécise.

« C'est papa qui est avec toi? »

Elle prit la main d'Antoine :

« Viens, dit-elle, mais tu ne resteras pas longtemps... »

Il entra dans la chambre carrée, basse. Une boîte
surchauffée. Cette odeur fade des draps de fiévreux.
Ce relent d'acétylène des médicaments débouchés.
Ces ténèbres maintenues autour du lit. Ce lit que la
lampe de chevet éclairait à peine. Trop proche encore
des souvenirs éventés, nomades, actifs de la tournée,
il avait l'impression soudaine de tomber dans un
puits. Il se dirigea vers la couche. Mais, dans
l'obscurité, il heurta une chaise qui lui barrait le
passage. Il tressaillit au bruit. Et il entendit derrière
lui le claquement de langue agacé de Jeanne. Il ne
savait ce qui l'irritait plus de sa maladresse ou de ce
rappel à l'ordre.

Un abat-jour de carton ramassait la lumière sur la
table de nuit encombrée de verres, de citrons vidés,
de fioles, sur la couverture jaune que soulevait à
peine la saillie des genoux et des pieds. La figure du
garçon restait dans l'ombre. Cependant, comme
Antoine se penchait sur lui, il distingua la face
triangulaire, sculptée, et dont les grands yeux noirs le
dévisageaient fixement. Le front luisait, les cheveux
blonds, qu'on n'avait pas coupés depuis la maladie,
pendaient en mèches sur les tempes. Il ne lui avait
jamais paru si petit, si faible, si pitoyable qu'à cet
instant. Un enfant, un pauvre enfant, dépouillé de
toute gloire, de tout apprêt. Une sollicitude amère
l'étourdissait. Il posa les mains sur ces grêles épaules
de fillette, embrassa les joues brûlantes :

« Il a encore de la fièvre, dit-il.

— Moins, dit Jeanne. Le docteur est content. Fais
attention, tu l'écrases ! »

Antoine s'écarta avec humeur. Puis, il s'assit au chevet, prit le poignet du gamin entre ses doigts. Il caressait distraitement cette peau humide sous la manche du pyjama. Les ténèbres, le silence, endormaient son élan. Il ne savait de quoi parler, tout à coup. Il était gêné de nouveau, comme auprès d'une femme, d'un enfant étrangers. Jeanne discourait d'une voix amortie :

« Ça l'a pris brusquement, à la sortie de la présentation. Il faisait très chaud dans la salle. Christian était trempé. Après le film, il a voulu boire une orangeade glacée. Le lendemain matin... »

Elle répétait mot pour mot ce qu'elle lui avait écrit. A quoi bon ? Il écoutait, les yeux vagues. Il hochait la tête. Il disait :

« Ah oui ? »

Il regardait les citrons coupés en quartiers, dont la pulpe se hérissait, déchiquetée et sèche, le verre à demi rempli d'eau, les fioles, le visage souffreteux :

« Mon pauvre petit ! »

Il s'étonna d'avoir prononcé cette phrase banale. Il le plaignait pourtant. Il l'aimait. Mais la conscience que sa pitié, que son amour ne pouvaient rien pour lui l'affligeait au point qu'il préférait se taire. Jeanne raconta encore la visite du docteur, les soins qu'elle avait donnés, sa fatigue... Mais elle ne parlait pas du film. Elle évitait d'en parler. Elle redoutait même, semblait-il, qu'il en parlât. Il dit à un moment :

« On vit en sauvage pendant une tournée. On lit un journal de temps en temps. On ne songe pas à en acheter régulièrement.. »

Elle l'interrompit pour lui expliquer que les médicaments coûtaient très cher et que le docteur ne s'en

rendait pas compte. Puis, un silence s'établit entre
eux. Une attente anxieuse, vide, hors du temps.
L'enfant haletait doucement. Jeanne arrangeait les
couvertures relâchées. Plus tard, elle se leva, débar-
rassa la table de nuit, jeta les écorces de citron dans
un sac en papier. Antoine la sentait nerveuse, épiant
ses moindres gestes, ses moindres mots, comme si elle
eût craint qu'il ne froissât le petit. Et de fait, il se
jugeait déplacé, avec son corps épais, ses grands bras,
ses grandes jambes, ses gestes larges, sa voix forte,
son visage cuit de soleil dans cette chambre feutrée
de quiétude. Il avait l'impression de déranger un
ordre minutieusement établi, de troubler une intimité
délicate. Il s'en voulait d'être si pesant et si gauche.
Une brute heureuse. Un intrus. Soudain, Christian
demanda :

« Et toi, papa, ça a gazé ? »

Une allégresse subite l'envahit. Il se maîtrisa
pourtant. Par décence, il s'interdit de paraître joyeux
devant ce gamin malade, cette femme inquiète. Il
commença d'une voix morne :

« Oui... Oh! tu sais, une tournée n'est jamais
qu'une tournée... Des patelins perdus... Un public
absurde... »

Mais, à mesure qu'il parlait, une fierté confuse lui
revenait de ses modestes succès, de sa petite renommée. Il s'animait, forçait le ton :

« Certains soirs pourtant, on sentait une salle plus
intelligente, plus ouverte... On se donnait... Et on
était content d'être applaudi... Car une chose est
certaine : nous n'avons pas essuyé un seul four... »

Jeanne et Christian l'écoutaient sans mot dire. Il
voyait ces deux visages impassibles devant lui. Il

comprenait qu'il fallait se taire. Mais il se grisait de sa propre voix, de ses propres paroles. Et il ne pouvait plus s'arrêter :

« La presse nous a été très favorable... »

Il s'enfonçait, il s'ébrouait, maladroit, réjoui et furieux à la fois :

« Je te montrerai les articles, si tu veux... »

Il avait chaud. Il ne savait comment se tirer d'affaire :

« Je les ai là... »

Il porta la main à sa poche. Jeanne le retint :

« Tu fatigues le petit, Antoine... Laisse-le... Laissons-le... Viens... »

Comme un homme pris de vin, il sentait que ses mouvements mal commandés, heurtaient, bousculaient l'objet qu'il eût aimé effleurer à peine. Il se leva, penaud. Il la suivit.

Il retrouva sa chambre avec un soulagement véritable. Là, du moins, il était chez lui. Il pouvait parler, marcher à sa guise. Il jeta son veston, s'affala sur une chaise. Mais son regard tomba sur la table nue.

« J'ai rangé », dit Jeanne.

Il haussa les épaules :

« Où as-tu mis les vieilles coupures de presse?

— Dans le placard.

— Tu leur adjoindras ce paquet. »

Il revenait à son idée. Il tripotait dans sa main la liasse de feuillets imprimés :

« Il y en a un petit tas, tu sais! »

La certitude s'affirmait en lui qu'il fallait amener Jeanne à lire ces articles flatteurs. Les critiques véhémentes adressées à Christian serviraient de repoussoir à ces éloges honnêtes. Elle les apprécierait au-dessus même de leur valeur. Elle l'admirerait au-delà même de ses mérites.

« Si ça t'amuse de les voir? »

Elle les prit, s'assit de l'autre côté de la table et commença de lire. Elle lisait vite — trop vite, au gré d'Antoine — sans que bougeât sur son visage l'expression de lassitude anxieuse qui la vieillissait. Il disait d'un air détaché :

« Tiens, prends celui-là plutôt : il est assez rigolo... Là, ils ont fait une faute d'orthographe à mon nom... »

Elle inclinait la tête. Se pouvait-il qu'elle fût insensible à cet hommage discret mais unanime des journaux? Se pouvait-il qu'elle ne reconnût pas son erreur, qu'elle ne se repentît pas de la peine qu'elle lui avait causée, qu'elle ne revînt pas à lui, plus prévenante que par le passé?

Mais si. Voici qu'elle souriait en repliant le dernier feuillet. Il retrouvait ce sourire triste à lèvres closes. Et, tout à coup :

« Eh bien, tu es content? » dit-elle d'une voix plate.

Il la regardait avec stupeur. L'échec du petit, sa réussite à lui, rien ne l'avait touchée. Elle était aveugle. Elle voulait demeurer aveugle. Il reconnut cette douleur sourde au niveau du cœur qu'il éprouvait à chaque déception. Il sentait que s'effon-draient en lui, que fuyaient hors de lui sa joie, sa fierté, sa tendresse, mille choses inestimables qu'il avait eu tant de peine à reconquérir. Mais il réfléchit qu'il avait mal choisi son moment pour l'entretenir de lui. L'angine de Christian l'occupait tout entière.

Et cela était bien naturel. Plus tard, peut-être...
Tristement, il ramassa les coupures et les glissa dans
sa poche.

« Maman, j'ai soif!... » *Sh. drops articles.*
To attend to Christian

Elle se dressa, lourde, se hâta vers la chambre :

« J'arrive, mon chéri! »

Elle reparut, tenant un pyjama roulé en boule sous
le bras :

« Il était en nage. Je l'ai changé. Tout à l'heure, je
prendrai sa température. Tu étais en train de me dire
quelque chose?

— Non, rien... »

Ils se turent, isolés dans leurs pensées propres,
étrangers l'un à l'autre, inconnus l'un de l'autre,
comme ils ne l'avaient jamais été. Enfin, elle dit :

« Tu sais que Despagnat a promis à Christian de
lui réserver la vedette dans son film sur Bonaparte.
Eh bien, ça fait près de trois semaines qu'il ne donne
plus signe de vie, et les journaux annoncent que le
premier tour de manivelle aura lieu dans un mois. Le
petit est inquiet. Il croit que Despagnat a changé
d'avis et que ce n'est pas ce film-là qu'il envisage de
tourner, ou qu'il ne veut plus de lui comme interprète... Des idées absurdes!... Je lui ai dit que tu irais
trouver Despagnat pour lui demander une confirma-
tion de sa promesse. Je l'aurais fait depuis longtemps
moi-même; mais je ne pouvais pas m'absenter à
cause de Christian... »

Antoine la laissait parler, n'osait l'interrompre.
Une satisfaction trouble le gagnait à l'idée qu'il
pouvait rendre service à l'enfant, qu'on s'adressait à
lui pour renseigner, pour tranquilliser, pour défendre
l'enfant. Cela avait plus d'importance qu'on ne le

croyait. Il comptait encore. Il était encore là pour les
coups durs. On verrait, on verrait, de quoi il était
capable! Avec quelle ferveur il s'acquitterait de sa
tâche! Il serait persuasif, hautain, prudent, tranchant,
retors. Il obtiendrait des précisions rassurantes. Il les
rapporterait au petit. Et il n'aurait plus honte de ses
grandes mains pour lui caresser les cheveux, de sa
grosse voix pour lui raconter la bonne nouvelle.

« Tu pourrais y passer demain... »

D'où lui venaient ce relâchement de tout le corps,
cet amour houleux, cette agréable envie de pleurer
qui se gonflait dans sa gorge. Il articula d'une voix
éteinte :

« Demain, bien sûr... »

Il se sentait au seuil d'événements indicibles et
promis à toutes sortes de joies. Une réconciliation
définitive venait de s'opérer à son insu entre lui et les
autres. Il ne voulait plus se coucher. Il ne voulait plus
dormir. Il ne savait comment fêter sa victoire.

« J'ai faim! » dit-il.

Despagnat has sucked Christian dry and has now cast Christian aside.

8

DESPAGNAT déboucha le shaker et versa lentement un liquide couleur de rouille dans les deux verres.

« Je voudrais surtout, dit-il, que vous ne considériez pas ce refus comme une mesure vexatoire. J'ai été contraint de chercher un autre interprète... servez-vous d'amandes grillées... un autre interprète, parce que Christian n'avait pas le physique du rôle, un point c'est tout. Il fallait un profil de rapace, un œil bleu clair casé loin dans l'orbite, je ne sais quoi de sauvage et d'étriqué dans le maintien. Christian a un visage régulier, au nez court, aux yeux noirs... C'est à regret, croyez-le, que j'ai renoncé à sa collaboration. Je ne répéterai jamais assez combien j'estime son talent, son intelligence... »

Chr. doesn't look like the young BONAPARTE

Bollocks

Il ne sut comment achever la phrase, avala d'un trait le cocktail, et claqua de la langue :

« Frappé », dit-il.

Antoine sentait croître son désarroi. Il balbutia :

« Un metteur en scène de votre envergure devrait pouvoir fixer toutes les ressemblances avec le simple jeu d'un éclairage, d'un maquillage habiles... *almost begging for part*

— C'est de la haute fantaisie, mon cher! On ne

change pas la couleur d'un œil ni l'ossature d'une face. Et, d'ailleurs, nous répugnons de plus en plus à l'emploi des fards, des boulettes dans les narines, des injections de paraffine sous les sourcils, des rides au collodion et autres coquetteries pharmaceutiques! J'ai découvert un gosse prodigieux : un Italien maigre, noir, calciné, trépignant comme un fox. Une voix de métal... »

Il s'emballait, les yeux vifs, la bouche rieuse. Et Antoine s'étonnait de n'éprouver aucune haine pour cet homme qui trahissait les promesses faites au petit. Il n'avait eu d'autre idée en venant que de rapporter à Christian une offre formelle de contrat. Il avait supputé d'avance la joie qu'il goûterait à triompher de sa mission délicate. Il s'était attendri d'avance sur son désintéressement paternel. Et voici qu'un mutisme charmé le tenait, bien que le metteur en scène dénonçât ses engagements. Il eût fallu lui couper la parole, l'assommer de quelque affirmation sans réplique, lui arracher enfin ce consentement que son fils attendait dans l'angoisse. Mais il demeurait à l'écouter, sirotant ce breuvage glacé, fumant, comme s'il se fût trouvé en face d'un ami. Il n'avait plus le droit de se taire. Il dit :

« Qui vous garantit que votre nouvelle recrue aura le talent du petit? (L'indifférence de sa propre voix le surprenait, et la pauvreté du propos aussi.) Un saut dans l'inconnu, vous faites un saut dans l'in-connu!... »

Despagnat pivota sur les talons :

« Je ne le nie pas. Mais, qui ne risque rien... D'ailleurs, le gosse a tourné un bout d'essai remar-quable!

Ah oui ? »

Cette exclamation ! En vérité, il avait l'air de s'intéresser à la chose. Il voulut se rattraper. Il murmura bêtement :

« Vous m'étonnez... »

Puis il rougit et fixa ses mains d'un regard méchant. Quelle sale petite joie bougeait en lui soudain ! Une mesquine satisfaction d'amour-propre : la satisfaction d'implorer une faveur pour son fils et qu'on la lui refusât. Et il avait beau s'indigner contre ce sentiment, il se déployait, il le gagnait, il le submergeait sans peine. Que n'eût-il donné à cette minute pour être malheureux ! Comme il se fût admiré d'être malheureux ! Dans un sursaut de dignité, il protesta encore :

« Vous auriez pu, du moins, l'avertir de vos intentions. Ce ne sont pas... ce ne sont pas des procédés...

— Je ne voulais rien lui dire avant d'avoir arrêté mon choix, et c'est hier seulement que je me suis décidé.

— Peut-être avez-vous été influencé par la critique défavorable du dernier film ? » V. ASTUTE

Il eut conscience d'avoir gaffé. Despagnat éclatait de rire :

« Je ne me laisse jamais influencer par la critique. »

Allons ! la partie était perdue. Mais comme il capitulait de bon cœur !

« Parlons un peu de vous, dit Despagnat. Cette tournée ? »

Et il lui versait un second cocktail.

La fenêtre ouvrait sur le bois. Un ciel d'un bleu

Despagnat has get rid of
Chois. cos public no longer
like him

pâle rongé de soleil dominait la cime ronde des
arbres. On entendait le roulement moelleux des
autos, piqué soudain de coups de trompe. Un air
tiède, vaguement parfumé d'asphalte, d'essence, de
feuillage poudreux, arrivait au visage. Antoine parla
de lui, raconta les inévitables anecdotes du bruit de
coulisses manqué, de l'accessoire oublié (« Et le
public ne s'est aperçu de rien! »), du souffleur
d'occasion qui brouillait les répliques. Despagnat
riait de bon cœur. Et Antoine était heureux de
l'entendre rire. Une sympathie certaine le liait à ce
long gaillard au crâne nu, à la face pointue et jaune
qui appréciait à ce point ses plaisanteries. Il se sentait
bien. Il aimait cette pièce tendue d'étoffe pêche aux
meubles carrés, polis et profonds. Il ne voulait plus
s'en aller. Pourtant, il le fallait. Il but encore un
cocktail dont le goût âcre, gelé, lui emporta la
langue :

« Il est tard. Je dois partir...

— Vous n'attendez pas Monica? »

Il attendit Monica.

Elle vint bientôt, plus mince, plus fluide que
jamais, dans une robe dansante aux lâches dessins de
couleur et le visage plongé dans l'ombre radieuse
d'un grand chapeau de paille. Son parfum, sa voix
emplirent aussitôt la chambre. Et ses gestes avaient la
grâce coulante des plantes sous-marines. Il admirait,
il enviait la lumière, le luxe, la propreté de ce décor.
Il songeait à la tanière sombre qu'il lui faudrait
retrouver.

« Je vous garde à dîner. »

Il voulut accepter d'enthousiasme, mais se domina
et refusa dans un effort valeureux. Despagnat le

reconduisit jusqu'à la porte. Sur le palier, il lui dit
encore :

« Annoncez-lui la chose avec ménagement. Je
serais désolé qu'il m'en tînt rigueur, qu'il ne me
comprît pas...

Il vous comprendra », affirmait Antoine.

« Ce n'est pas possible! Ce n'est pas possible!
répétait Jeanne suffoquée. Il t'a donné un prétexte...

Si c'est un prétexte, il faut reconnaître qu'il l'a
bien choisi. Tu ne peux pas nier que Napoléon avait
les yeux clairs et que Christian les a noirs!

Ce n'est pas une raison... Le public se contente
d'un minimum de ressemblance...

C'est bien ce que je lui ai dit.

Non, l'affaire est certaine à présent. S'il ne veut
pas de Christian, c'est qu'une cabale a été montée
contre le petit. Tu ne peux pas t'en rendre compte
parce que tu n'étais pas là au moment de la
présentation. Mais la manœuvre crevait les yeux!
Tout le monde s'en est aperçu! Tout le monde est
venu m'en parler! Et l'instigatrice du mouvement est
cette Monica que tu t'obstines à trouver charmante!
Elle hait Christian, parce que dans les films qu'elle
joue avec lui tout le succès revient évidemment au
petit!

— Dans le *Petit Prince Mirka,* pourtant...

— Tu vas la défendre à présent? »

Il la regardait avec une surprise amusée. Il ne lui
avait jamais vu ce visage convulsé de colère, aux
joues marbrées, aux yeux blancs. Il ne l'avait jamais
entendue élever la voix à ces notes stridentes. Mais il

suffisait qu'on touchât au petit pour qu'elle se rebéquât, soudain furibonde.

« Cette réflexion m'éclaire sur les arguments que tu as pu invoquer pour le convaincre! Il t'a retourné comme un gant! »

Il se rebiffa :

« Je ne suis pas tombé de la dernière averse!

— Il fallait protester, crier, le menacer...

— De quoi?

— Il s'était engagé...

— De vive voix seulement... »

Elle se laissa descendre sur le sommier, haletante, les cheveux défaits. Elle pressait les deux mains contre sa poitrine :

« C'est égal! il n'avait pas le droit... il n'avait pas le droit de nous faire ça!... J'irai le trouver!... Je lui parlerai!...

— A quoi cela t'avancera-t-il?

— Ce que tu n'as pas su obtenir, je l'obtiendrai peut-être!... Il n'a encore rien signé!... Il n'a fait que promettre à l'autre, comme il avait promis à Christian!... »

Une peur brusque le frappa qu'elle ne réussît dans sa tâche. Il bredouilla :

« Mais si... mais si... il a signé...

— Tu ne me l'avais pas dit?

Ah? Tu es sûre... Tu m'étonnes... En tout cas, il a signé... »

Ce lâche petit mensonge lui soulevait le cœur. Il se détestait pour cette seule phrase chuchotée du bout des lèvres et qui le jugeait. Il voulut se dédire, se corriger. Mais comment? Et, d'ailleurs, que le metteur en scène n'eût pas encore signé le contrat ne changeait, rien à l'affaire. Despagnat semblait décidé à se débarrasser de Christian. Rien ne le ferait démordre de cette idée. Il valait donc mieux ravaler son dégoût, se taire.

Jeanne le dévisageait, effondrée :

« Alors?... s'il a signé... c'est que tout est fini... c'est... c'est qu'il n'y a plus rien à faire?

— Il n'y a plus rien à faire.

— Mon Dieu! mon Dieu! » gémissait Jeanne.

Et, soudain, elle reprit d'une voix folle :

« Tant pis! J'irai tout de même! J'irai!... Je lui dirai ce que je pense de lui! Je ne peux pas... nous ne pouvons pas accepter cet affront sans protester! C'est trop! Et je ne comprends pas que tu saches garder ton calme devant cette infamie! On jurerait que tu l'excuses, que tu l'admets, que tu l'approuves, que tu... que tu n'aimes pas ton fils!... »

Il la saisit aux poignets de ce même geste brutal que Reine avait connu.

« C'est toi qui n'aimes pas ton fils! » dit-il.

Il se pencha sur elle. Il n'y avait presque plus d'air entre leurs deux visages. Si près de Jeanne, il distinguait mal cette face rose, soufflante, renversée, eût-on dit, dans un recul d'aversion devant sa bouche :

« C'est toi qui n'aimes pas ton fils! Ne prévois-tu pas le tort que ta démarche peut lui causer? Ne devines-tu pas que sa situation actuelle lui interdit d'implorer un rôle qu'on lui refuse? N'as-tu pas conscience de la dignité qu'exige de nous notre métier? »

Il goûtait une douceur perverse à la raisonner. Comme un vainqueur exaspère la joie de sa victoire à relever, à panser le vaincu, de même il s'appliquait voluptueusement à consoler cette femme abattue. Mais elle s'arracha de sa poigne. Elle cria :

« Tout ça ce sont des mots! Moi je ne vois qu'une chose... »

Il ordonna sèchement :

« Tais-toi!... »

Et il poursuivit aussitôt, cherchant d'une phrase à l'autre la conviction :

« Tu te désoles comme si ce refus était une condamnation à ne plus tourner! Mais, que diable, il n'y a pas que Despagnat sur terre! Je connais d'autres metteurs en scène, aussi cotés que lui, qui ne demanderaient pas mieux... »

Elle secouait sa grosse tête décoiffée. Elle reniflait ses larmes grotesquement.

Il revit dans un éclair la pièce lumineuse ouverte sur le ciel, sur le bois, où Despagnat l'avait reçu. Il était las. Il désirait en finir au plus vite. Il tapa du plat de la main sur la table. Il haussa la voix :

« Je dirai plus : je me félicite d'apprendre que Christian ne tournera plus avec Despagnat! Despagnat n'a pas su le diriger, l'utiliser comme il l'aurait fallu! Il est le seul responsable de son insuccès! Si le *Petit Prince Mirka* est un navet... »

Il s'arrêta, pétrifié. La porte venait de s'entrebâiller et Christian se tenait sur le seuil, livide, les bras pendants, l'épaule accotée au chambranle.

(handwritten: Christian has changed)

CHRISTIAN émergea de sa maladie amaigri, transparent, étiré. Il passait ses journées de convalescence à flâner de chambre en chambre, collant le front aux carreaux, bâillant, parcourant un journal, contemplant dans la glace son visage enlaidi d'épuisement, au nez pincé et cireux, aux joues vides. Il parlait à peine. Il renâclait devant les plats. Jeanne s'inquiétait de cette tristesse muette, mais n'osait ni se plaindre, ni le plaindre, en sa présence. Elle se rattrapait avec Antoine. Il l'écoutait, il essayait de la tranquilliser par quelque discours lesté de bon sens. Mais qu'il essayât de la tranquilliser, même, l'exaspérait. Un jour, il conseilla de renvoyer Christian au lycée, en attendant qu'on eût découvert pour lui un nouvel engagement.

« Tu veux donc l'achever! s'exclama Jeanne. J'ai peur qu'il ne me fasse de la neurasthénie et tu prétends le pousser à reprendre ses études! »

Cependant, l'argent manquait à la maison. Mille petits faits décelaient la gêne imminente. Antoine épiait avec une secrète satisfaction le retour de ces signes avant-coureurs du désastre. Ils évoquaient

(handwritten: This makes him happy cos' they will be dependant on him)

pour lui la vie pauvre et plaisante qu'il avait menée avant le succès du petit. Ils l'incitaient à croire qu'ils ramèneraient avec eux cette entente familiale qu'Antoine poursuivait depuis des mois sans l'atteindre. Ils le rassuraient mieux que ne l'eussent fait des paroles.

Le gaz avait envoyé un avertissement. Une forte somme manquait pour payer le terme. Certains fournisseurs se plaignaient qu'on ne réglât pas leur note et il fallait changer d'itinéraire pour éviter de passer devant leur boutique. Antoine proposa de vendre le poste de radio qu'on avait acheté sur le premier cachet de Christian. Et, le poste vendu, il éprouva une gaieté bizarre à ne plus voir cette masse de bois marron posée sur la cheminée et qui lui rappelait son abaissement. Il vendit aussi le service à thé, dont Jeanne avait fait l'emplette avant d'inviter Despagnat et Monica chez elle, une lampe, un appareil de photo... Chaque place vide était un terrain gagné. Cette atmosphère de paiements différés, de dépenses surveillées, de maigres profits, de combines mercantiles, de tracas, de calculs, lui rendait une vigueur heureuse. Il était dans son élément. Il ne craignait personne. Il dépassait tout le monde. Il reprenait la tête de la maison. D'abord, il fallait trouver du travail. Il recommença de courir les agences. Il revenait le soir, harassé, volubile. Jeanne l'interrogeait, anxieuse :

« Du nouveau? »

Et cette anxiété lui était douce comme un compliment.

« Il y aura peut-être quelque chose aux Variétés... Mais ce n'est pas sûr... Je serai fixé demain... J'ai

rencontré Guéretain... Il joue chaque semaine à la
Radio... Il tâchera de me caser... J'ai vu aussi... »

Comme elle le dévorait des yeux pendant qu'il
parlait! Sans doute comprenait-elle à présent qu'elle
ne pourrait plus se passer de lui, que lui seul saurait
les tirer d'affaire, que lui seul était digne de son
admiration! ✱

Lorsqu'il lui apprit enfin qu'il avait signé un
✱ engagement de trois semaines dans un théâtre de
quartier, elle devint toute rouge et une telle joie
éblouit son regard qu'Antoine ne douta plus de
l'avoir reconquise.

Le soir même, il recevait une lettre de Reine Roy
qui s'inquiétait de son silence et le suppliait de
répondre au plus vite. Il la jeta au panier et ne
répondit pas.

✱= Antoine thinks that ⏻ he has
won Jeanne back but
~~final~~ IRONY is that she
regards him as a meal ticket

Il se démaquille en hâte dans la turne étroite à relents de plâtre et de moisi. Il entend, dans les loges voisines, l'eau couler, gicler, et des voix qui se disputent. Un pas lourd hésite devant son réduit, s'éloigne, s'arrête un peu plus loin. On frappe à côté. Une porte grince :

« Ça par exemple! Tu étais dans la salle? Alors, ton impression? »

Et, aussitôt, le ton baisse, les paroles s'engluent dans un chuchotement de confidences malveillantes. Antoine se rhabille, fourre son faux col dans sa poche et sort.

La rue est assommée d'une immobile tiédeur nocturne. Les maisons rêvent debout, toutes fenêtres ouvertes sur leur ombre intérieure, dépoitraillées, indécentes, et on les devine affreusement habitées d'hommes, de femmes, de gosses suants à pleine peau, abrutis de chaleur et de mangeaille, et qui dorment mal. Mais quelques fenêtres sont allumées. Et, à chaque trou de lumière, correspondent, au rez-de-chaussée, au premier, une perspective de lit préparé, ou de table à demi desservie, et une silhouette qui

rôde avec des lenteurs de poisson, en contournant les
meubles. Ce monceau de petites vies intimes débal-
lées sur le trottoir l'irrite, comme la persistance d'une
mauvaise odeur à son talon. Il presse le pas. La
maison n'est pas loin du théâtre. La voici déjà,
grande bâtisse grise échouée au coin de la rue, avec
ses rangées de croisées béantes qui respirent paisible-
ment dans la nuit. Le cinquième est éclairé. On
l'attend. L'ascenseur le hisse d'étage en étage. Il
ouvre la porte. Il entre. Il est chez lui.

L'odeur connue l'accueille, des poireaux, de l'encaustique. Le couvert est mis dans sa chambre, sur la
table sommairement déblayée. Sur un coin du
meuble, il aperçoit l'étui à savon plein de cigarettes
fraîchement roulées, la boîte de cachets. Jeanne a
tout préparé selon des habitudes longuement for-
mées. Rien ne cloche. Chaque coup d'œil devrait le
rassurer. Et, cependant, il n'est pas à son aise.

Jeanne entre, portant un saladier, une assiette de
viande froide. Elle est vêtue de son vieux peignoir
rose ceinturé trop bas. Elle semble reposée et
distraite.

« Quoi de neuf ? » dit-elle.

L'intonation le surprend tout à coup. Jadis, cette
question décelait une curiosité aimante, sollicitait une
réponse sincère ; aujourd'hui, elle sonne à ses oreilles
comme une formule de pure convenance. Le « ça
va ? » qu'il échange quotidiennement avec ses camarades n'est pas plus fade que ce propos. Il répond
cependant :

« Rien de bien sensationnel... Deux ou trois cents
personnes dans la salle... Un public assez chaud... »

Il n'éprouve qu'un plaisir médiocre à lui raconter

sa journée. Il la devine attentive au bruit que fait
Christian dans la chambre voisine. Elle appelle :

« Christian ! »

Le gamin apparaît dans l'encadrement de la porte,
la démarche traînarde, le visage clos de sommeil. Il
s'effondre sur le lit qui crie. Il se gratte la tête à cinq
doigts. Antoine s'efforce de lutter contre la détresse
qui le gagne :

« L'auteur est revenu aujourd'hui. Il a décidé de
rallonger ma scène. Ça fera quatre ou cinq répliques
de plus. Pas grand-chose, mais le geste est assez
significatif. »

Une longue pause, et, tout à coup, comme tirée
d'un rêve, Jeanne balbutie rapidement :

« Bien sûr... bien sûr... »

Il dit encore :

« Guéretain est passé me voir à l'entracte... »

Décidément, personne ne l'écoute. Ou plutôt si,
Jeanne, Christian, l'écoutent, mais par habitude ou
par devoir, et les mots qu'il prononce n'éveillent en
eux qu'un ennui lassé. Il se gêne soudain de leur
rapporter les flatteries massives de Guéretain. Il
craint de leur paraître prétentieux, ridicule. Vite, il
achève :

« Enfin, Guéretain s'est débrouillé pour m'avoir
un engagement à la radio. Je jouerai à raison de deux
fois par semaine pendant deux mois... »

Et voilà que Jeanne avance un visage réveillé,
étonné, joyeux :

« Tu dis ? Deux fois par semaine pendant deux
mois ? Mais ce serait parfait ! »

Il reçoit cette secousse au cœur si familière. C'est
donc là ce qui l'intéresse ! Apprendre qu'il va signer

un contrat, et qu'il touchera de l'argent sous peu, et qu'on pourra même emprunter sous la garantie de cette rentrée imminente! On ne lui roule ses cigarettes, on n'attend son retour, on ne lui parle, on ne l'écoute, on ne le supporte qu'autant qu'il fait vivre la maisonnée. Ces égards lui sont dus non plus parce qu'on le prise, mais parce qu'il est utile. Ces signes, qui exprimaient jadis une tendresse véritable, ne sont plus aujourd'hui qu'un remerciement banal, qu'une vulgaire monnaie d'échange. Donnant donnant. Et il n'a rien le droit de réclamer au-delà de ce qu'on lui donne. Mais il se moque de ces marques de respect! Ce qu'il veut, c'est la confiance, l'affection, l'admiration perdues, et cela il comprend bien qu'il ne l'obtiendra plus! Sa femme ne saura plus accorder la moindre attention à sa carrière hésitante. Christian pourra ne plus tourner, ou ne tourner que des rôles secondaires, ou n'essuyer que des échecs, le souvenir de sa renommée d'un instant vivra toujours dans l'esprit de Jeanne et l'aveuglera pour tout ce qui n'est pas lui.

« Combien crois-tu qu'ils te paieront à la Radio? »

Il baisse les yeux :

« Je ne sais pas... »

Et, pour qu'elle le laisse en paix, il ajoute :

« Tout ça, ce sont des projets en l'air... Il ne faut pas s'emballer... »

Christian se dresse, s'étire et regagne sa chambre en claquant des savates.

« Tu ne le trouves pas un peu pâlot? dit Jeanne, lorsqu'il a refermé la porte. Tu devrais t'occuper de lui. Il se ronge à ne pas tourner... »

Il promet. Elle bâille, se frotte les paupières. Il
remarque ces mains courtes et grassouillettes. Le
poignet est badigeonné de jaune par l'acide picrique.

« Tu t'es brûlée? ← Exactly what he said to

— Oui. »   Reino Roy.

Un silence. Elle s'évente avec une serviette en
papier :

« Quelle chaleur! Heureusement que chez nous
l'eau est encore assez fraîche. Je me demande
pourquoi, d'ailleurs?

Les conduites sont bien protégées, sans doute.

Oui, sans doute. »

Un nouveau silence. Plus rien à dire. Ah! si :

« Demain, je ferai une salade de fruits. » - PATHETIC

Antoine sent que cette journée est l'image exacte MONO-
de toutes les journées qui vont suivre. Ils vivront côte TOTTY
à côte. Ils feront les gestes quotidiens, ils prononce- AAGH!
ront les paroles quotidiennes. Rien n'aura changé
entre eux, en apparence. Mais, en vérité, un monde
les séparera : leur fils.

Elle se lève, dispose la vaisselle sur un plateau et se
dirige vers la cuisine :

« J'en ai pour cinq minutes. »

Il reste seul dans la chambre. Et cette solitude le
refoule aussitôt à quelques mois en arrière. Il se
revoit dans cette même pièce, en face de ces mêmes
objets. Jeanne s'indigne de son découragement, lui
prodigue compliments, assurances, et il s'enfle d'un
bel orgueil à la chaleur de son admiration : « Tu as
tous les atouts en mains... le physique, l'expérience...
je voudrais te guérir de cette modestie absurde... »
Voix de Jeanne, regard de Jeanne à cette minute. Il
ne les retrouvera plus. A cette pensée, une peur

étrange le prend à la gorge, comme si sa seule raison
de vivre venait de lui être volée, comme si tout désir,
toute habitude de vivre, l'abandonnaient. Il se sent
exilé et las, désarmé et plein d'ennui, inutile. Il
voudrait pleurer du moins, ou crier. Mais il demeure
muet et calme, frappé d'une détresse définitive. Et il
se demande quelle force le retient encore de glisser,
de tomber sur le sol.

Il s'approche de la fenêtre ouverte sur la rue.
Toutes les croisées sont éteintes. Il fait moins chaud,
maintenant. Le ciel est finement constellé, comme à
Antibes. Plus lourd, plus opaque pourtant. Antibes.
Il se souvient de la petite Roy lui caressant la main
dans le square obscur. Et il n'éprouve qu'un dégoût
fatigué à l'idée de cette caresse pressante. Il ne la
recherchera plus, il le sait. Ni elle, ni aucune autre. Il
se penche sur le rebord de la fenêtre qui lui scie le
ventre. La rue est très bas, étroite, déserte, flanquée
de réverbères dont la clarté oblongue et jaune ajoure
la nuit. Un homme sort de l'immeuble d'en face et
s'éloigne. Une auto passe. Il se penche un peu plus. Il
imagine la chute balancée d'un corps aux membres
écartelés, au veston rabattu sur la tête, le choc,
l'écrasement, la nuit... Mourir. Aux heures de grande
détresse, il n'a jamais envisagé cette pensée sans la
repousser aussitôt, et voici qu'à présent, au soir
d'une journée qui ne s'avère ni plus triste, ni plus
aimable que les autres journées, et sans qu'aucun
événement n'ait soulevé son indignation, il l'accueille
avec un calme étonnant. Oui, mourir. S'évader hors
de ce monde confus et grisâtre! Ne plus revoir cette
chambre mal éclairée, cette femme au visage gras et
blanc, aux bandeaux luisants, dont chaque parole,

dont chaque regard avive sa torture, ce gamin aigri, sournois, ricaneur, qui lui barre la route! Ne plus poursuivre cette existence empoisonnée dès la source et dont le cours régulier l'épouvante!

Comme il est seul, comme il est loin, comme il n'est plus déjà! Un geste le sépare de la joie totale. Il se penche encore. Il voit la bouche d'un égout ouverte au ras de la chaussée, et, devant la bouche d'égout, un chiffon de papier blanc roulé en boule. Soudain, il n'y a plus que ce chiffon de papier blanc roulé en boule dans toute sa conscience. Ses mains lâchent la barre d'appui et se tendent comme pour tâter l'air, comme pour prévenir une chute. Il se hisse sur la pointe des pieds, avance la tête, le buste, au-dessus de l'abîme. Le vide l'entoure, le supporte un instant et, brusquement, il se sent requis par une force puissante et douce, attiré, aspiré, happé vertigineusement. Il perd l'équilibre.

Un bruit de vaisselle brisée.

« Antoine! j'ai cassé les assiettes! »

D'un déchirant coup de reins, il se rejette en arrière. La sueur ruisselle sur sa grosse face blafarde. Le sang tape ses tempes comme une corde. Il s'affale sur une chaise. Il étouffe. Il grelotte. Une peur désordonnée l'abrutit. Qu'allait-il faire?

Jeanne s'impatiente :

« Il y en a partout! Viens m'aider à ramasser les morceaux. »

Il se lève, hagard. Il fait un pas, deux pas. Il se sent mieux. Il dit :

« Je viens... »

Discussion about last page

Only doesn't throw h.self out of the window cos' Jeanne calls for him cos' she has dropped some plates.

Not a book of plot, but of psychological realism (~~developm~~ mental development of the characters).

Antoine progresses character-wise throughout the novel - Tries to kid h.self and it sees everything euphemistically and at the end all the falsehoods and fake things become real and genuine His whole life's a lie and at end of novel he realises this.

He needs to feel important, to be depended on, and to a certain

---

He's a being apart but not a special being apart - Not like the other ham actors.

*Achevé d'imprimer en mai 1992
sur les presses de l'Imprimerie Bussière
à Saint-Amand (Cher)*

PRESSES POCKET - 12, avenue d'Italie - 75627 Paris Cedex 13
Tél. : 44-16-05-00

— N° d'édit. 1086. — N° d'imp. 1346. —
Dépôt légal : 2ᵉ trimestre 1976.

Imprimé en France